W0031033

KARAWANEN DES ORIENTS

Unterwegs auf legendären Handelsrouten

Die Deutsche Bibliothek verzeichnet diese Publikation in der
Deutschen Nationalbibliografie; detaillierte bibliografische Daten
sind im Internet unter http://dnb.ddb.de abrufbar.

Rechte der französischsprachigen Originalausgabe
Copyright © Aubanel, 2007
Originaltitel: Nomades et caravans d'orient, Aubanel, Paris

Rechte der deutschsprachigen Ausgabe
Copyright © 2008 Frederking & Thaler Verlag GmbH, München
www.frederking-thaler.de

Übersetzung aus dem Französischen von Marianne Glaßer

Lektorat: Jürgen Braun, München
Schutzumschlaggestaltung: Ina Biber, München
Satz und Herstellung: bookwise, München

Printed in China

ISBN 978-3-89405-710-7

Alle Rechte vorbehalten

Der ganze oder teilweise Abdruck und die elektronische oder
mechanische Vervielfältigung, gleich welcher Art, sind nicht
erlaubt. Abdruckgenehmigungen für Fotografien und Text in
Verbindung mit der deutschsprachigen Buchausgabe erteilt
der Frederking & Thaler Verlag.

Élise Blanchard | Fotografien Louis-Marie & Thomas Blanchard

KARAWANEN DES ORIENTS

Unterwegs auf legendären Handelsrouten

Aus dem Französischen von Marianne Glaßer

FREDERKING & THALER

Inhalt

Warum die Menschen reisen

Auf den Karawanenstraßen

»Die Seidenstraße …
ein Wort, das schon
immer meine Fanta-
sie zum Klingen
brachte. Ich sah
Kamelkarawanen vor
mir, wie die der Hei-
ligen Drei Könige,
beladen mit wunder-
baren Seidenstoffen,
seltenen Gewürzen,
wertvoller Jade. Ich
stellte mir diese mär-
chenhaften Züge vor,
wie sie mehrere
Monate lang auf der
Straße dahinzogen,
bei Tag unter einer
sengenden Sonne,
des Nachts unter
dem sternenbedeck-
ten Himmel. Ich
wollte selbst sehen,
ob meine Träume
und Bücher mit der
Wirklichkeit über-
einstimmten.«

Anne Philipe, *Caravanes d'Asie,*
(du Sing-Kiang au Cachemire), 1955.

Rechts
Karawane in der
Taklamakan-Wüste

»Wohl ergreift mich hohe Freude, wenn ich nach einer mühevollen Reise die Heimat wieder sehe. Allein je mehr das alltägliche Leben wieder seine Rechte verlangt, desto lebhafter erwacht in meiner Seele der Drang, die Sehnsucht nach den fernen Wüsten Asiens, die demjenigen, der sie einmal gesehen, unvergesslich bleiben. Ja in jenen Wüsten herrscht unbeschränkte Freiheit.«

Nikolai M. Przewalski, *Reisen in Thibet und am oberen Lauf des Gelben Flusses in den Jahren 1879 bis 1880*, 1884.

Einführung

Warum die Menschen reisen

Wenn man die Straßen und Wege des Orients beschreitet, beginnt man unweigerlich, sich das Leben der Karawaniers von früher vorzustellen, die Monate, manchmal Jahre brauchten, um auf schwierigen Wegen ferne Ziele zu erreichen. All jene Schilderungen von Abenteuern entlang dieser Straßen machen jenes Gefühl endloser Weite und unbegrenzter Einsamkeit deutlich spürbar, ebenso wie den Zauber der schneebedeckten Gebirge, die den Horizont begrenzen. An den Rändern Chinas, Zentralasiens und Indiens transportierten Händler, Pilger, Abgesandte und Nomadenvölker über Jahrhunderte Seide, Schmuck, Tee und Gewürze, aber auch Religionen, geografisches Wissen und technisches Können zu den märchenhaften Basaren von Kaschgar, Buchara, Täbris oder Konstantinopel. Was bleibt heute von diesen lange vergangenen Tauschbeziehungen? Hauptsächlich die Gewissheit, dass jede Zivilisation einer anderen zu Dank verpflichtet ist. Und auch wenn die großen Karawanen heute verschwunden sind, so ist doch der Geist dieser langen Wanderungen immer noch sehr präsent, ob man nun zu Fuß oder zu Pferd die weiten Plateaus Hochasiens durchquert oder sich im Labyrinth der orientalischen Basare verläuft.

2500 Jahre Geschichte von Orient und Okzident

Erste Schritte Chinas nach Westen

Auf chinesischer Seite ist es die Suche nach Bündnispartnern, welche die Herrschenden dazu treibt, Expeditionen nach Westen zu unternehmen. 138 v. Chr. entsendet Kaiser Wudi, in dessen Reich die westlichen Randgebiete durch die Horden der Xiongnu-Nomaden, der vermutlichen Vorfahren der Hunnen, bedroht werden, einen Erkundungstrupp nach Westen, um nach Bündnispartnern zu suchen. Die Expedition wird von Zhang Qian geleitet, einem Mann, dessen unglaubliche Geschichte zur Legende wird. Seine Aufgabe ist es, mit dem Volk der Yuezhi Kontakt aufzunehmen, das ebenfalls im Krieg mit den Xiongnu liegt. Zhang Qian bricht also nach Westen auf, begleitet von einer Truppe aus rund hundert Männern, aber er wird bald von den Xiongnu gefangen genommen und zum Sklaven gemacht. Dank der politischen Wirren gelingt ihm zusammen mit einigen seiner Gefährten die Flucht, und er erreicht am Ende einer langen Reise das Ferghana-Tal

Der Große Buddha
von Leshan, Provinz
Sichuan, China.

südlich von Usbekistan, wo er auf Dinge stößt, die ihm bislang unbekannt waren: Weinstöcke, Sesam, verschiedene Gemüse und Obstbäume, vor allem aber prachtvolle Pferde, an denen es dem Kaiserreich China bitter mangelt. Zhang Qian erkennt, dass die Pferde in Persien und Zentralasien mit Gerste gefüttert werden, während man sie in China mit der schwerer verdaulichen Hirse versorgt. Überdies kränkeln dort die Pferde, weil sie das fremde Klima nicht vertragen, und pflanzen sich nur mühsam fort, weswegen ständig neue Reittiere importiert werden müssen. Nach einer mehrmonatigen Reise gelangt Zhang Qian schließlich zu den Yuezhi, die sich in Baktrien niedergelassen haben (heute Nordafghanistan). Aber die Zeit ist vorangeschritten, die Yuezhi leben in Frieden mit ihren Nachbarn und zeigen wenig Neigung, ein Bündnis mit dem Kaiserreich China zu schließen. Zhang Qian macht sich also auf den Heimweg; nur einer seiner Gefährten sowie seine Frau und sein Sohn haben überlebt. Seine diplomatische Mission ist gescheitert, aber was Zhang Qian entdeckt hat, ist weit bedeutender, denn mit den Pferden aus dem Ferghana-Tal beginnt der erste organisierte Warenaustausch zwischen China und Zentralasien. 101 v. Chr. unterwirft Kaiser Wudi das Ferghana-Tal, das künftig jedes Jahr einen Tribut zahlt und China seine besten Zuchthengste und Tausende von Pferden liefert. Zwar bestanden bereits vorher Handelsbeziehungen bescheideneren Umfangs zwischen Ost und West – chinesische Produkte gelangten sporadisch bis in die entlegensten Gebiete, lange bevor es einen organisierten Handel gab. So fand man Seide, die vermutlich aus China stammt, an einer ägyptischen Mumie aus dem Jahr 1000 v. Chr. Im kollektiven Gedächtnis der Chinesen jedoch ist es die Reise des Zhang Qian, die den Beginn des Warenaustauschs mit fernen Ländern markiert.

Pferde und andere Waren sind zunächst als Tribute und Geschenke unterwegs, die man sich unter Herrschern macht, und die einen staatlich kontrollierten Handel in Gang halten. Zuweilen schicken die Herrscher als Unterpfand für gute Beziehungen auch einen Verwandten oder

»Der Sohn des Himmels benötigte Informationen über die Xiongnu, die soeben die Yuezhi vertrieben hatten, nachdem sie ihren König getötet und aus seinem Schädel eine Trinkschale gemacht hatten. Der Han-Kaiser beabsichtigte die Xiongnu zu vernichten und trachtete nach einem Handel mit Karawanen durch diese von den Barbaren heimgesuchten Gegenden.«

Kommentare zu den Reisen des **Zhang Qian**, 138 v. Chr.

einen Sohn an den Kaiserhof, und der Kaiser gibt ihnen eine Tochter zur Frau. Dieser Austausch von Personen, die mit ihrem persönlichen Hofstaat ihr Heimatland verlassen, hat eine nicht zu vernachlässigende Bedeutung beim Austausch von Vorstellungen und technischen Fertigkeiten.

Alexander der Große öffnet die Tore zum Osten

Am anderen Ende der damals bekannten Welt, im Westen, ist Alexander der Große der Erste, der westliche Armeen weit in den Osten führt, bis an das Ufer des Indus. Nachdem er 336 v. Chr. König von Mazedonien geworden ist, unterwirft er das aufständische Griechenland, doch dies ist nur der Anfang seines Strebens nach der Weltherrschaft. 332 v. Chr. hat er bereits Kleinasien, Syrien und Ägypten erobert, wo er Alexandria gründet. Im folgenden Jahr unterwirft er die persische Dynastie der Achämeniden, nimmt Babylon und Susa in Besitz, erobert Sogdien, wo er Roxane heiratet, und erreicht das Tal des Indus. Während Alexander mit seinen Elefanten auf dem Landweg voranschreitet, eröffnet sein Admiral Nearchos den Seeweg

Die Chinesen waren schon sehr früh Meister in der Kunst der Schifffahrt; ihnen ist die Erfindung des Kompasses zu verdanken.

durch den Golf von Oman und den Persischen Golf, der später zu einer der großen Seehandelsstraßen wird. Mit 25 Jahren steht Alexander an der Spitze eines riesigen Reiches. Nach seiner Rückkehr nach Babylon bemüht er sich, die griechische und die orientalische Zivilisation miteinander zu verschmelzen. Mit seinem Tod 323 v. Chr. bricht auch sein Reich auseinander, aber der Horizont Europas hat sich erweitert: Alexanders Feldzüge haben erste Handelskreisläufe in Gang gesetzt – der kulturelle Austausch zwischen dem Abendland und den Völkern des Ostens hat begonnen.

> »Zu jener Zeit hingen alle Reiche von den Yuezhi ab. Dieses Land bringt Elefanten hervor, Nashörner, Schildpatt, Gold, Silber, Kupfer, Eisen, Blei und Zinn. Nach Westen hin steht es in Verbindung mit dem Ta Tsin [dem Römischen Reich]. So findet man dort wertvolle Gegenstände aus Ta Tsin. Man findet dort auch feine Stoffe, Wollteppiche, Parfums aller Art, Kandiszucker, Pfeffer, Ingwer, schwarzes Salz.«
>
> **Héou Han Chou**, Chinesische Chronik.

Perser und Sogdier, die Herren des Handels in Zentralasien

> »Der Herrscher von Ta Tsin hat bereits seit langem versucht, mit China in Kontakt zu treten, aber die Leute von Ansi [dem Reich der Parther], die die Einzigen sein wollen, die dem Ta Tsin chinesische Seidenstoffe liefern, ließen die Bewohner des Ta Tsin nicht ihr Gebiet in Richtung China durchqueren.«
>
> **Héou Han Chou**, Chinesische Chronik.

Im 1. Jahrhundert unserer Zeitrechnung reicht das Römische Reich bis nach Kleinasien und Syrien; Palmyra an der Grenze des Partherreichs ist der östliche Vorposten. Hier lernen die Römer die aus China stammende Seide kennen. Jahrhundertelang macht der Handel mit dieser Seide Persien reich. Der Westen versucht ebenso wie China, den parthischen Zwischenhandel zu umgehen. In Rom ist man verrückt nach chinesischer Seide, Perlen aus Ceylon und Weihrauch aus Arabien, und die Römer treiben sich mit kostbaren Importen selbst in den Ruin.

Periplus Maris Erythraei, ein Werk eines unbekannten griechischen Seemanns vom Ende des 1. Jahrhunderts, beschreibt die Seereise nach Indien und wie man dabei die Monsunwinde ausnutzt. Zur gleichen Zeit schickt der chinesische General Ban Zhao einen Abgesandten Richtung Rom. Dieser schafft es, den Persischen Golf zu erreichen, aber die Parther, die um jeden Preis direkte Kontakte zwischen China und dem Westen verhindern wollen, tun alles, um ihn aufzuhalten, und liefern ihm die schauerlichsten Berichte von den Gefahren einer Reise über das Meer nach Westen.

Weiter im Osten regiert das Kushanische Reich, das von den Yuezhi, einem Nomadenvolk indoeuropäischer Abstammung, gegründet wurde, über Zentralasien. Kushana erstreckt sich vom Iran bis nach Nordindien, man ist tolerant, für den Handel aufgeschlossen und unterhält einen blühenden Warenaustausch mit den Nachbarn.

Von Samarkand und Buchara her beherrschen die Sogdier den Handel in Zentralasien und fungieren als Mittler bei der Verbreitung von Kenntnissen, Techniken und Religionen über ganz Asien. Obwohl sie miteinander handeln, wissen Europäer und Chinesen fast 1500 Jahre lang beinahe nichts voneinander.

Erst den Portugiesen und ihrem seefahrerischen Können im 15. Jahrhundert ist es zu verdanken, dass die Bewohner des Abendlandes direkt mit Asien zu handeln beginnen. Aber noch bis zum 17. Jahrhundert ist unbekannt, dass Nordchina und Südchina ein und dasselbe Land bilden.

Der Siegeszug des Islam von Arabien bis nach China

Nach dem Tod des Propheten im Jahr 632 setzt sich der Islam sehr schnell auf der ganzen Arabischen Halbinsel, im Irak, in Syrien und in der Südtürkei, durch. Zehn Jahre später erobern die Araber Iran, Afghanistan und Ägypten. 651 wird das persische Sassanidenreich von den Muslimen eingenommen und in ein Kalifat umgewandelt. 712 erreichen die Araber die Grenzen Indiens und Chinas, im Westen dringt der Islam über den Maghreb und die Iberische Halbinsel bis ins Frankenreich vor, bevor ihm 732 bei Poitiers Einhalt geboten wird. 762 gründet die Dynastie der Abbasiden Bagdad und macht es zu ihrer Hauptstadt. Die Araber kontrollieren nun die meisten großen Häfen des Morgenlands, die mit Karawanenstraßen untereinander verbunden sind, und schaffen ein gigantisches Handelsreich, das jahrhundertelang Bestand haben wird. Die muslimischen Händler befahren die Meere von der afrikanischen Küste bis zu den Gestaden des indischen Subkontinents. Jüdische und phönizische Händler dienen als Mittler zwischen christlichen und islamischen Staaten. Sie überqueren das Mittelmeer bis nach Arles oder Marseille, fahren dann das Rhônetal hinauf und beliefern die europäischen Höfe mit Kostbarkeiten und exotischen Waren.

Die Nomaden der Steppen

In den ersten Jahrhunderten unserer Zeitrechnung dringen Turkvölker aus dem Altai nach Zentralasien vor. Ihre berittenen Bogenschützen sind die gefürchtetsten Krieger der damaligen Zeit. Als Begründer einer echten Reiterkultur führen sie eine Revolution in der Kriegskunst herbei. Rinder-, Schaf-, Pferde- und Kamelherden bestimmen ihr Leben; mit ihnen ziehen sie umher und suchen nach Wasser und Weideplätzen. Sie leben in Zelten aus Filz, ernähren sich hauptsächlich von Fleisch, kleiden sich in Tierhäute und schlafen unter Fellen. Ihre Religion ist eine Form des Schamanismus mit besonderer Verehrung des Himmels und der heiligen Berge. Immer wieder verlassen sie die

»Unter diesen Bedingungen ist der periodisch wiederkehrende Einfall [der Nomaden] in die gesegneten Gefilde ein Naturgesetz. Sobald die sesshaften, oft dekadenten Gesellschaften unter dem Schock der Invasion nachgeben, dringt der Nomade in die Stadt ein und setzt sich nach den ersten Stunden des Gemetzels ohne große Anstrengung an die Stelle der von ihm gestürzten Machthaber. So wird er Groß-Khan von China, König von Persien, Kaiser von Indien [...]. Rasch passt er sich an. In Peking wird er zur Hälfte Chinese, ein halber Perser in Isfahan.«

René Grousset, *Die Steppenvölker. Attila – Dschingis Khan – Tamerlan*, 1939.

Bereits in den ersten Jahrhunderten dringen Turkvölker nach Zentralasien ein.

Während der ganzen Antike sind die Perser und Sogdier die Herren des Handels zwischen Ost und West.

Als Begründer einer echten Reiterkultur führen die türkisch-mongolischen Völker eine Revolution in der Kriegskunst herbei.

»Die Einigung Chinas, Turkestans, Persiens und Russlands in einem gewaltigen Reich [...] unter Fürsten, die auf die Sicherheit der Karawanen bedacht und tolerant gegenüber den Religionen waren, öffnete von Neuem die seit dem Ende der Antike gesperrten Weltstraßen zu Land und zu Wasser. [...] In Wirklichkeit traten zum erstenmal in der Geschichte China, der Iran und das Abendland in ernsthaften Kontakt.«

René Grousset, *Die Steppenvölker. Attila – Dschingis Khan – Tamerlan*, 1939.

Steppe, um die sesshafte Bevölkerung auszurauben. Wenn sie verfolgt werden, besteht ihre Taktik darin, die feindlichen Armeen weit in die Steppe hinauszulocken, um sie dann mit Schwärmen von Pfeilen zu attackieren, die sie im Galopp abschießen, ohne sich je in eine Schlacht verwickeln zu lassen. Dank der Mobilität ihrer Reiter und ihrer Geschicklichkeit im Bogenschießen sind sie ihren Gegnern haushoch überlegen. Diese bleiben im extremen Klima der Steppe dann sich selbst überlassen.

Skythen, Hunnen und Türken durchqueren in aufeinanderfolgenden Wellen Eurasien und erobern einen Großteil der damals bekannten Welt. Es kommt zu umfangreichen Völkerwanderungen. Dieser Auszug von Völkern, die vom Eroberer verjagt worden sind, sowie das Verschleppen von Geiseln und Kriegsgefangenen trägt zur Völkervermischung und zum Austausch von Wissen bei.

Dschingis Khan und die *Pax Mongolica*

Als Sohn eines gefallenen Mongolenfürsten schafft es Temudschin – der spätere Dschingis Khan –, sich zum Khan ausrufen zu lassen und die Mehrzahl der mongolischen und später der türkischen Stämme um sich zu scharen. Bald verbünden sich die Uiguren mit ihm, er beherrscht nun Xinjiang in Westchina. In Sibirien unterwirft er die Kirgisen, und er nimmt Nordchina und Peking ein. 1220 bringt er Buchara und Samarkand in seine Gewalt, dann den Norden Persiens und den Kaukasus. Afghanistan verwüstet er fast vollständig.

Nach seiner Rückkehr in die Mongolei 1225 träumt er davon, »allgemeinen Frieden« in seinem Reich zu schaffen; nach seinem Tod zwei Jahre später bemühen sich seine Söhne, diese *Pax Mongolica* zu erhalten. Von einem Ende Asiens zum anderen sind die Straßen nun sicher, und der Handel lebt wieder auf; die Zahl der westlichen Reisenden, die in den Osten aufbrechen, vervielfacht sich. In Karakorum, der Hauptstadt des Mongolischen Reichs, treffen sich Händler, Gesandte und Geistliche aus aller Welt. Man findet dort zu der Zeit, als Marco Polo zu Gast weilt, sogar einen Goldschmied aus Paris und eine junge Lothringerin, die auf unbekannte Weise hierhergekommen und mit einem russischen Handwerker verheiratet ist. Türken und Mongolen nehmen oft die Religionen an, auf die sie stoßen, und im Reich leben Buddhisten, Muslime und nestorianische Christen friedlich miteinander.

Die Länder des Westens, die sich gerade zu den Kreuzzügen aufgemacht haben, suchen nach Bündnispartnern im Osten und schicken mehrere Abgesandte zu den mongolischen Khans. Man erzählt in Rom sogar, dass ein gewisser Priesterkönig namens Johannes an der Spitze eines christlichen Reichs im Osten stehen soll und dass er den Muslimen in den Rücken fallen könnte. Der Westen schickt seine ersten Diplomaten, Händler und Missionare nach Zentralasien, die die politischen, religiösen und wirtschaftlichen Kontakte mit dem Chinesischen und Mongolischen Reich festigen sollen. Zum ersten Mal gelangen Zeugnisse direkt nach Europa, in denen die fernen Gebiete im Osten beschrieben werden.

Johannes de Plano Carpini und später Wilhelm von Rubruk, die als Abgesandte zu den Mongolen geschickt werden, legen

über 16 000 Kilometer zu Pferd zurück und treffen den mongolischen Großkhan. Auch der venezianische Händler Marco Polo beschreibt seine Odyssee durch Zentralasien und China; seine Erzählungen von unglaublichen Begegnungen und außergewöhnlichen Begebenheiten machen ihn zu einem der berühmtesten Reisenden aller Zeiten.

Nomadenfestung an der Karawanenstraße

»Drei Tage nachdem wir Soldaia verlassen hatten, trafen wir auf die Tataren. Als ich mich unter ihnen befand, war mir, als sei ich plötzlich in eine andere Welt geraten.«

Wilhelm von Rubruk, *Beim Großkhan der Mongolen, 1253–1255*, 2003.

Einzug des Emirs in Samarkand

Im Jahr 1294, mit dem Tod von Kublai Khan, wird das Reich aufgeteilt, und die Fremdherrscher integrieren sich allmählich in die Kulturen der Regionen, die sie besetzt haben; viele bekennen sich zum Islam. Aus den ehemaligen Nomadenreichen werden muslimische Khanate wie Buchara und Chiwa, die von örtlichen Machthabern eifersüchtig gehütet werden.

Die Eroberungen Tamerlans

>»Wenn die Bewohner eines Ortes, durch den sie kamen, zu welcher Stunde es auch sein mochte, nicht ihren Unterhalt und alles sonst noch Nötige herbeischleppten, erhielten sie schreckliche Schläge. [...] Die Leute, die sie so daherkommen sahen und wussten, dass es sich um Diener des Herrn handelte, die mit einem Befehl des großen Herrn kamen, ergriffen die Flucht, als wäre der Leibhaftige hinter ihnen her.«
>
> **Ruy Gonzales de Clavijo**, *Clavijos Reise nach Samarkand 1403–1406.*

Als Statthalter von Transoxanien und ferner Nachkomme Dschingis Khans nimmt Tamerlan 1370 den Titel eines Emirs an und baut Samarkand zur Hauptstadt seines riesiges Reich aus. In wenigen Jahren erobert er den Iran und den Norden Bagdads und vernichtet in Russland die Goldene Horde.

Um jeden Widerstand zu ersticken, plündert er die aufständischen Städte, ermordet ihre Bewohner zu Tausenden und lässt Schädeltürme errichten. Nur Künstler, bekannte Handwerker, Architekten und Intellektuelle werden verschont und nach Samarkand mitgenommen. Durch diese Eroberungen kontrolliert er die Handelsstraßen, die er mit hohen Zöllen belegt, um den Reichtum seines Landes zu mehren.

1398 bricht Tamerlan nach Indien auf, da die instabile Situation der Region den Stoff- und Getreidehandel beeinträchtigt. Er erobert Delhi und bringt märchenhafte Schätze mit. Als er erfährt, dass der türkische Sultan Bayezid sich anschickt, Konstantinopel einzunehmen, verbündet er sich mit Genua, Venedig und dem Byzantinischen Reich gegen die Türken. Er erobert Antiochia und Tripolis und verwüstet Damaskus; in der Nähe von Ankara begibt er sich 1402 in eine der größten Reiterschlachten der Geschichte. Nach seiner Rückkehr nach Samarkand stürzt er sich 1404 in die Eroberung Chinas, stirbt aber 1405. In den folgenden Jahren zerfällt das Reich rasch. Nach seinem Tod ist Zentralasien erneut geteilt. Die *Pax Mongolica* ist zu Ende, und die Karawanenstraßen sind nicht mehr so sicher.

Der Seeweg nach Indien

Der Zusammenbruch der großen Reiche hatte den Handel auf dem Landweg erschwert, und beim Fernhandel treten nun nach und nach Seewege an die Stelle der alten Karawanenstraßen. Durch die von den Kreuzzügen mitgebrachten Waren hat der Westen Geschmack an exotischen Produkten gefunden, und die Händler aus Genua, Pisa und Venedig, die Soldaten und Lebensmittel ins Heilige Land bringen, nützen dies aus, um in den Häfen des Morgenlands Handelskontore zu eröffnen. 1498 gelangen die Portugiesen um die Südspitze Afrikas herum nach Indien.
Ende des 16. Jahrhunderts gründen die Holländer die ersten großen Handelsgesellschaften in Indien, kurz darauf machen es ihnen die Engländer nach. Der Großteil des Handels wird nun nicht mehr über das Mittelmeer abgewickelt, sondern über den Atlantik, und die großen Handelsstädte des Westens liegen in Nordeuropa. Aber da das Handelsvolumen insgesamt zunimmt, haben die großen Karawanen noch mehrere Jahrhunderte lang Konjunktur und sorgen für regen Warenaustausch über den Orient.

Der Zerfall der Reiche des Orients

1736 bringt der Statthalter von Transoxanien, Nadir Schah, Persien, Afghanistan und Nordindien in seine Gewalt. Dann zieht er gegen die dsungarischen Mongolen zu Felde, die sowohl das Persische als auch das Chinesische Reich bedrohen, und unterzeichnet einen Bündnisvertrag mit China. Dieses Abkommen sollte das letzte große diplomatische Ereignis zwischen China und Persien sein. Nadir Schah wird zehn Jahre später ermordet, und sein Reich zerfällt. Das China der Ming-Dynastie seinerseits schließt die Grenzen und versucht, sich vor fremden Einflüssen zu schützen – bis ins 19. Jahrhundert kann man dort ausländische Reisende beinahe an den Fingern abzählen.
Im Norden der kasachischen Steppe errichten die Russen im 18. Jahrhundert die Orenburg-Festungslinie, die zum Ausgangspunkt für die Kolonisierung Zentralasiens wird.

> »Hundert schöne Pagen und hundert schöne chinesische Sklavinnen, hundert Kamele mit chinesischer Seide, hundert Kamele mit chinesischem Porzellan, hundert Kamele mit Waffen aus Stahl, hundert Kamele mit Gewürzen.«

Chronik des **Mohammed Kazim**, von einer Karawane, die 1746 vom chinesischen Kaiser Qianlong zu Nadir Schah, dem Khan von Persien, gesandt wurde.

Nun handeln die Khanate von Samarkand und Buchara hauptsächlich mit Russland, wobei ihnen der Export von Baumwolle, Seide und Wolle große Gewinne einbringt. 1757 endet das Dsungarische Reich. Die Dsungarei und Kaschgarien werden dem chinesischen Mandschu-Reich angeschlossen, womit das Chinesische Reich beim Kampf um den Einfluss in Zentralasien als Sieger hervorgeht.

The Great Game: Russen und Engländer in Zentralasien

Zu Beginn des 19. Jahrhunderts brechen die Europäer zur Eroberung Asiens auf. Die Russen wollen über den Kaukasus und den Iran den Persischen Golf und den Indischen Ozean erreichen, während man in England bemüht ist, den Weg nach Indien zu schützen und der russischen Expansion Einhalt zu gebieten.

Im 19. Jahrhundert rangeln Russen und Engländer um Zentralasien.

1848 stoßen Abgesandte des britischen Empires im Pamir-Gebirge mit den Außenposten des russischen Zarenreichs zusammen. 1882 eröffnen die Russen in Kaschgar ein Konsulat, gefolgt von den Engländern im Jahr 1890. Es ist die Zeit des *Great Game*, des »großen Spiels« zwischen Chinesen, Russen und Engländern, die um die Kontrolle über die riesigen »unberührten« Gebiete ringen: Russen und Briten machen sich auch mittels ihrer Forschungsreisenden Konkurrenz, die auf den Bergen des Pamir und des Himalaja aufeinandertreffen. Geografen, Botaniker oder Archäologen werden häufig – manchmal zu Recht – der Spionage verdächtigt.

1907 wird durch Grenzabkommen zwischen England und Russland der Wakhan-Korridor im Nordosten Afghanistans geschaffen, um die beiden Einflusssphären zu trennen. *The Great Game is over.* Diese neue politische Gegebenheit verändert die kulturellen und wirtschaftlichen Bedingungen, und in den 1950er-Jahren beschreibt Abdul Wahid Radhu, ein berühmter Karawanier aus Kaschmir, nostalgisch den Aufbruch der letzten großen Karawanen Zentralasiens.

Nostalgische Darstellung des Karawanenlebens

Karawanen und Basare

»Der Orientale ist von Natur aus ein Reisender, mehr als wir. Ob Pilger, Derwisch, Hirte, abenteuernder Soldat, Hausierer, Wanderarbeiter, er ist stets unterwegs, und hat er einmal eine feste Bleibe, kann er die Gastfreundlichkeit nicht verweigern, ohne denen gegenüber undankbar zu sein, die sie ihm monate- und jahrelang gewährten.«

Guillaume Lejean, *Voyage dans la Babylonie*, 1866.

Händler, Pilger und Abgesandte

Bis zum Ende des 19. Jahrhunderts herrscht auf den Fernhandelsrouten des Orients reger Verkehr. Man wechselt den Ort, um einen Auftrag als Händler oder Abgesandter zu erfüllen, oder begibt sich auf ausgedehnte Pilgerreisen.

Religionen und Philosophien verbreiten sich über die Handelsstraßen. Missionare, Pilger und Studenten folgen dem Zug der Kaufleute, schließen sich ihren Karawanen an und legen manchmal Tausende von Kilometern zurück, um eine heilige Stadt, eine Medresse (Koranschule) oder ein Kloster zu erreichen. Umgekehrt folgt auch der Warenverkehr den Pilgerzügen, und die heiligen Städte Kerbela oder Mekka ebenso wie die großen buddhistischen Klöster Tibets werden zu bedeutenden Handelszentren. Musiker, Komödianten und Gaukler begleiten die Händler und zeigen ihre Künste auf den Marktplätzen oder an den Fürstenhöfen.

Im Mittelalter tauchen in der muslimischen Welt die ersten Touristen auf, die zu ihrem Vergnügen reisen; sie werden »Ibn al-Ard«, Söhne der Erde, genannt. Ibn Battuta, der »Prinz der Reisenden«, der in Tanger aufgebrochen ist, besucht als Tourist fast die gesamte muslimische Welt vom Maghreb über Zentralasien bis nach Sumatra. Die Händler, die als Einzige genau über die Netze der Karawanenstraßen Bescheid wissen und über Kontakte im Ausland verfügen, dienen als Übersetzer, Dolmetscher, Spione oder Abgesandte. Aber die meisten von ihnen wagen sich nicht über die Gebiete hinaus, die sie gut kennen.

So beschaffen sich die Römer ihre Vorräte in Antiochia oder Palmyra und lassen dort eine große Menge an Edelmetallen zurück. Die Chinesen dringen selten über die Taklamakan-Wüste und das Pamir-Gebirge hinaus und verkaufen ihre Waren an die Sogdier in Zentralasien oder an die Perser. Im Allgemeinen geben die Händler ihre Routen nicht bekannt und wachen über das Berufsgeheimnis; man findet jedoch bereits in der Antike einige geografische oder wirtschaftliche Werke, die ferne Vorgänger unserer Reiseführer sind: 851 wird ein Bericht über China und Indien geschrieben, der den Erzählungen mehrerer Händler folgt. Im 14. Jahrhundert verfasst der Florentiner Francesco Balducci Pegolotti ein Kaufmannshandbuch, doch der berühmteste Bericht stammt natürlich von Marco Polo. Er hat großen Erfolg, trotzdem ist er wie viele Berichte jener Zeit voller wundersamer Ereignisse, beschreibt Drachen und Fabelwesen, sprechende Hunde, Wüsten, in denen die bösen Geister umgehen, Schlaraffenländer etc.

Je weiter die Reise ist, desto lieber wählt man für den Handel Gegenstände von hohem Wert und geringem Gewicht, wie Gewürze, Parfums, Seide oder Edelsteine. Im Mittelalter erfinden Bankiers aus Bagdad den Kreditbrief, den Vorgänger des Schecks, um zu vermeiden, dass die Händler große Summen Geld mit sich führen. Der frühe Handel gehorcht denselben Gesetzen wie der heutige. Es ist eine Welt der Monopole, der Konkurrenz, der Engpässe und der Zollkontrollen, in der man nicht davor zurückschreckt, aus wirtschaftlichen Gründen einen Konflikt herbeizuführen. Kriege und Invasionen gefährden immer wieder den Warenaustausch, was zur Veränderung der Routen und zur Schließung bestimmter Karawanenstraßen führt. Die

»Diese Händler sprechen Arabisch, Persisch, Byzantinisch, Französisch, Spanisch und Slawisch. Sie reisen von West nach Ost und von Ost nach West, teilweise über Land, teilweise über das Meer. Sie bringen aus dem Westen Eunuchen, Sklavenfrauen, Knaben, Seidenstoffe, Biber, Marder und andere Felle sowie Schwerter. [...] sie laden ihre Güter auf den Rücken von Kamelen und reisen über Land bis nach Al-Kolzum [Suez]. Sie schiffen sich auf dem Roten Meer ein und fahren bis nach Sind, Indien und China. Auf dem Rückweg aus China nehmen sie Moschus und Aloe, Kampfer und Zimt mit. Diese Reisen können auch auf dem Landweg absolviert werden ...«

Allah Ibn Khordadbeh, *Livre des routes et des royaumes*, 9. Jahrhundert.

Reisen – reich an Höhen und Tiefen, Glücksfällen und Schicksalsschlägen – können Jahre dauern. Wüsten, Steppen und Hochgebirge müssen überwunden, Unbilden des Wetters, politische Umstürze, Grenzschließungen und Raubüberfälle müssen ertragen werden. Im Bericht eines Händlers aus Buchara, der als Abgesandter an den Hof des Kaisers von China geschickt wird, heißt es:

> »Es ist Vorschrift, die Reisenden in den Herbergen für die Pferde unterzubringen, während man das Gepäck und die Waren in der Herberge für die Fuhrwerke zurücklässt. Man erteilt nur zwei Händlern von zehn ein Visum für Peking und hält die anderen in Kanchow zurück. Hier bringen sie einen in der Herberge unter,

Die hohen Pässe des Pamir und des Karakorum waren für die Karawanen auf dem Weg nach China gefürchtete Etappen.

Die Organisation der Karawanen

Mietvertrag für ein Karawanenkamel:

»Mit dem vorliegenden Vertrag wird vereinbart, dass ich mich verpflichte, Euch ein achtjähriges Kamel zu vermieten, der Mietpreis wurde auf ein Stück Rohseide festgelegt, sollte das Kamel unterwegs verletzt werden oder verloren gehen, verbleibt der Mietpreis dem Besitzer und der Mieter muss ein gleiches Kamel zurückerstatten. Geschieht dem Mieter während der Reise ein Unglück, muss sein Sohn dem Besitzer ein gleichwertiges Kamel liefern. Wird das Tier unterwegs krank, müssen drei Karawaniers dies bezeugen.«

Chinesische Handschrift aus Dunhuang, 850.

wo man auf Kosten der chinesischen Regierung lebt. In Peking bieten sie einem Taft und Seidentücher an, ohne von dem Preis zu sprechen, den sie einem zur Bezahlung der mitgebrachten Gaben entrichten. Diese Waren werden den beiden Gefährten ausgehändigt, die die Erlaubnis haben, sich nach Peking zu begeben, und nach drei Jahren von dort zurückkehren.«

Sayid Ali Khitayi, *Traité de la Chine*, 1496.

Die größten Karawanen bestehen zur damaligen Zeit aus mehreren Hundert Händlern und Pilgern und ebenso vielen Kamelen oder Yaks. Eine bewaffnete Eskorte aus Wäch-

TAUSENDUNDEINE NACHT

Die Märchen aus *Tausendundeine Nacht* wurden aus Mythen und Glaubensüberzeugungen des Nahen Ostens, Indiens und Chinas gespeist. Ihr Ursprung liegt sicherlich in Indien – Geister, Halbgötter und ihre Verwandlungen erinnern an den hinduistischen Polytheismus. Durch Geschichtenerzähler und Händler gelang-ten die ersten Erzählungen nach Persien, wo eine erste Sammlung entstand, die *Tausend Abenteuer*. Diese verbreiteten sich anschließend in der arabischen Welt, wo die Märchen angepasst, umgewandelt und ergänzt wurden.

Jeder Geschichtenerzähler fügte seine persönliche Note hinzu. Es handelt sich um eine Rahmenerzählung mit »Schachtelgeschichten«, wie die folgende: Der Kalif Schahriyâr ist von der Untreue seiner Frau so entsetzt, dass er beschließt, jeden Morgen die junge Frau hinrichten zu lassen, die er in der Nacht besessen hat, und jeden Abend eine neue zu heiraten. Die schöne Scheherazade, die Tochter des Wesirs, versucht das Morden zu beenden und begibt sich freiwillig zu dem Herrscher: Jede Nacht erzählt sie ihm eine Geschichte und verschiebt die Fortsetzung auf den nächsten Tag.

Im Jahr 1700 entdeckte ein Franzose eine dieser Handschriften und übersetzte sie. Er nahm die Stellen heraus, die ihm zu diabolisch erschienen, und fügte Geschichten hinzu, die ursprünglich nicht zu der Sammlung gehörten. Es sind diejenigen, die in Europa am bekanntesten wurden: Aladin, Ali Baba und Sindbad der Seefahrer. Das Buch war äußerst erfolgreich und führte zu einer wahren Schwärmerei für alles Orientalische. Man findet darin all das, was wir mit dem mittelalterlichen Orient verbinden: Basare und Souks, arabische, jüdische und christliche Händler, Kalifen, Wesire und Harems.

Handelskarawane im Pamir-Gebirge

tern oder Söldnern sowie Führer, Köche und Handlanger begleiten sie. Der Proviant ist wichtig: Lebendes Federvieh und Schafe folgen der Karawane, und am Abend vor dem Aufbruch belädt man die Kamele mit Lederschläuchen, die mit Wasser, Honig oder Butter gefüllt sind, sowie mit Säcken, die Trockenfleisch, Reis, Mehl, Trockenfrüchte und Käse enthalten. All dies kommt zu den Waren hinzu, die für den Verkauf bestimmt sind: Ballen mit Baumwolle oder Wolle, Säcke mit kostbaren Stoffen, Truhen mit Edelsteinen und Schmuck, Bleikästen mit Früchten und Gewürzen. Mit einer Last von 250 Kilogramm können die Kamele rund 30 Kilometer am Tag zurücklegen, wenn der Weg gut ist, aber nur rund zehn in schwierigem Gelände. Im Sommer brechen die Karawanen vor dem Morgengrauen auf, um die Kühle des frühen Tages auszunutzen, und erreichen am frühen Nachmittag den Übernachtungsplatz; im Winter hingegen marschieren sie in den warmen Stunden.

»Das Kamel ist ein ungewöhnliches Haustier; es trägt einen Fleischsattel auf dem Rücken; im fließenden Sand bewegt es sich leichtfüßig vorwärts; seine Qualitäten beweist es an gefährlichen Stellen; es besitzt ein geheimes Wissen um die Quellen; wirklich feinsinnig sind seine Kenntnisse.«

Guo Pu, *Lob des Kamels*, 3. Jahrhundert.

»Unsere Etappen waren im Durchschnitt 25 Kilometer lang. Wir brachen vor dem Morgengrauen auf, nüchtern, und machten dann gegen zehn oder elf Uhr morgens halt. Dabei nahmen wir eine Mahlzeit ein, die es uns ersparte, während der heißesten Stunden des Tages unterwegs zu sein, während Pferde und Ponys nach Gras zum Weiden suchten, manchmal ohne großen Erfolg. Dann brachen wir wieder auf, um vor Sonnenuntergang erneut haltzumachen. Die Wege waren meist menschenleer, und die einzigen Personen, denen wir bisweilen begegneten, waren Hirten.«

Abdul Wahid Radhu, *Caravane tibétaine*, 1942.

Eine Karawanserei in Arabien: Von einem Ende der Seidenstraße bis zum anderen schützten diese ummauerten Herbergen die Karawanen vor möglichen Plünderern und vor dem trockenen Klima der Wüste.

Die großen Verkehrsadern werden im Allgemeinen gut instandgehalten und weisen in regelmäßigen Abständen Wasserstellen und Karawansereien auf. Schwierig wird es hingegen, wenn man hohe Gebirgspässe überwinden, schäumende Flüsse in Furten überqueren oder endlose Wüsten, in denen der Sturm wütet, durchwandern muss. Man muss auch mit Räubern rechnen – tibetischen, turkmenischen oder beduinischen Nomaden, die Überfälle organisieren und die Karawanen ausplündern. Kundschafter, die die Gegend gut kennen, reiten voraus, um die Gefahren der Straße frühzeitig zu erkennen und die Ankunft im Nachtquartier vorzubereiten.

»Es war ein seltsames Durcheinander. Die Kamele schrien in Klagetönen, die Yaks grunzten, die Rosse wieherten, die Reisenden schrien oder sangen, die Lakto pfiffen, um ihre Ochsen aufzumuntern, und in dieses Getöse hinein tönte melodisch der Klang von tausend Glocken an den Hälsen der Kamele und Yaks. So zog die Karawane in einzelnen Abteilungen durch die Steppe, lagerte jeden Tag, wie es eben kam [...], und schlug im Nu Zeltdörfer auf, von denen am nächsten Tag kaum eine Spur zurückblieb.«

Régis Evariste Huc, *Reise durch die Mongolei nach Tibet und China*, 1844–1846.

Die Karawansereien

»Die Karawanserei von Nasr Abad ist ein riesiger viereckiger Bau, dessen Mitte von einem mit Arkaden umgebenen Hof eingenommen wird. Hinter diesen Arkaden befinden sich die Ställe, die in Gewölbegängen untergebracht sind. Ein Durchgang in der Mitte der Gänge führt gleichzeitig zu den Plätzen für die Maultiertreiber und zu den Boxen, in denen man die Pferde einsperrt. Im Sommer suchen die distinguierten Reisenden tagsüber die Zir Zamin auf, die fünf oder sechs Meter tief in den Boden gegraben sind. Die Kühle ist köstlich in diesen Kellern, in die ein Dämmerlicht eindringt, das zum Ausruhen einlädt.«

Jane Dieulafoy, *Une Amazone en Orient, du Caucase à Ispahan*, 1881–1882.

In den Wüstengebieten baut man für die Nacht große Lager auf; die Mittellosen schlafen draußen, in ihre Mäntel gehüllt. Bisweilen dienen Moscheen und Klöster den Rei-

Abendlicher Halt im Pamir-Gebirge

senden als Unterschlupf für die Nacht. Auf den stark frequentierten Straßen finden sich alle 30 Kilometer Karawansereien; ein Wächter öffnet dort zu jeder Tages- und Nachtzeit die Tore. Diese manchmal ummauerten Herbergen besitzen einen großen Innenhof, um den herum sich die Ställe und Lagerräume für die Waren gruppieren. Am Eingang werden in Läden Gegenstände feilgeboten, die den Reisenden dienlich sein können: Lampen, Decken, Verpflegung, Koch- und Essgeschirr. In der oberen Etage stehen den wohlhabenden Reisenden Zimmer zur Verfügung; diese sind aber meist leer, denn jeder bringt sein Bettzeug und sein Geschirr selbst mit. Außerdem gehören Tempel, Moschee, Hamam, Speisesaal und Restaurant zur Anlage.

Jede Zwischenstation bietet Gelegenheit zum Handeln: Ob in der Oase oder in der Karawanserei – die Händler wittern gute Geschäfte, tauschen ihre Fracht gegen eine andere ein und bringen auf diese Weise Waren aus ganz Asien bis in die entlegensten Gegenden.

»Die Gastfreundlichkeit gegenüber Reisenden ist bei den Orientalen eine jahrhundertealte Tradition. In den großen Städten des Orients, vor allem in denen, die heilige Städte sind, gibt es große, prächtige Karawansereien, die von Fürsten oder reichen Händlern gegründet wurden und in denen alle Glaubensbrüder des Gründers kostenlos beherbergt werden, so lange es ihnen beliebt, in der Stadt zu bleiben.«

Guillaume Lejean, *Voyage dans la Babylonie*, 1866.

Die aus Nordindien stammenden Roma zeigten ihre Künste im ganzen Orient.

DIE WEITE REISE DER ROMA

Sinti, Roma, Manouches, Bohémiens: Je nachdem, welche Gebiete sie durchquert haben und welche Berufe sie ausüben, haben die aus Nordindien und Pakistan stammenden fahrenden Völker verschiedene Namen und Dialekte angenommen. In Frankreich nennt man sie »gitans«, da man der Meinung ist, dass sie aus Ägypten kommen. In Deutschland heißt man sie Zigeuner, wobei nicht ganz klar ist, woher diese Bezeichnung stammt.

Im Mittelalter verließen sie in großer Zahl Indien, um andernorts als Tänzer und Sänger aufzutreten. Im Jahr 900 ließ der Schah von Persien Gruppen von musizierenden Roma in sein Reich kommen, die seine Untertanen unterhalten sollen. Viele andere wurden während der Völkerwanderung von den Türken gefangen genommen und nach Kleinasien verschleppt. Danach teilten sich die Roma in mehrere Gruppen auf: Die Kalderash, die als Kesselflicker bekannt waren, verbreiteten sich hauptsächlich in Mitteleuropa. In Spanien, Nordafrika und Frankreich lebende Gitans waren Tänzer, Musiker, Bärenführer oder Märchenerzähler, ebenso wie die Manouches oder Sinti in Deutschland und im Elsass und die Domari in den arabischen Ländern. Sie wurden Christen oder Muslime, da sie meist die Religion des Landes annahmen, in dem sie lebten. Im Orient wie in Europa waren sie zuerst sehr willkommen – man schätzte sie wegen ihrer Talente als Künstler, Schmiede oder Handwerker. Ab dem 15. Jahrhundert brachte man sie mit Räubern und Dieben in Verbindung, und das Misstrauen wuchs. Bis ins 19. Jahrhundert hielt man die Roma auf dem Balkan, im Kaukasus und in Rumänien als Sklaven. Heute sind sie im Mittleren Orient wie im Westen die letzten Nomaden, die aus den großen Völkerwanderungen des Mittelalters hervorgingen.

Im Dämmerlicht der Basare

Je nach der Größe der Stadt beschränkt sich der Basar auf eine einfache Geschäftsstraße oder erstreckt sich kilometerweit über ein Geflecht kleiner Gassen. Die Läden sind nach Zünften geordnet: Teppichhändler und -hersteller, Lebensmittelhändler, Hutmacher, Messingschmiede, Fleischer etc. Diese Ordnung nach Berufsgruppen fördert die Preisangleichung und gibt dem Kunden die Möglichkeit, die Artikel zu vergleichen. Außerhalb und in der Nähe der Tore platziert man die Auslagen, die die Massen anlocken. Im Zentrum des Basars, oft in der Nähe der Moschee, findet man die Goldschmiede und Juweliere. Jedes Viertel, jede Zunft wählt ein Oberhaupt. Ein Vertrauter kümmert sich um den Verkehr und die Reinigung, vermittelt bei Konflikten, wacht über die Ehrlichkeit der Verkäufer und sammelt die Beschwerden der Kunden. Im Basar gibt es Lagerräume, Gaststuben, Hamams, Moscheen und Gärten; in den Khans, einer Art städtischer Karawansereien, finden sich Großhandelslager, in denen die Waren untergebracht

Der Basar in Buchara

»Wir bereiten unsere Reisevorräte in
großen Säcken vor: fünfzig Kilo Reis,
fünfzig Kilo Mehl, zehn Kilo Zucker,
Büchsen mit Porridge, Tee, Gewürze,
Trockenfrüchte, Honig, Kekse, dazu
zwei Kochtöpfe und einen Wasserkessel.
Unsere Schlafsäcke und alles, was wir an
jeder Zwischenstation brauchen werden,
wird zu einem großen Ballen zusammengefasst. Wir vervollständigen unsere
Apotheke und kaufen Geschenke, die
wir zum Tausch für die Gastfreundschaft
verteilen werden: Faden, Nadeln, Streich-
hölzer, Fantasieschmuck und zwei Uhren:
wertvolle Geschenke unter allen. Jeder
von uns bereitet eine Satteltasche vor,
in die er alles hineinstopft, was er an
Wertvollstem besitzt.«

Anne Philipe, *Caravanes d'Asie (du Sing-Kiang au Cachemire)*, 1955.

Ein Perlenladen auf dem Basar von Aleppo

werden, und Werkstätten, wo die Handwerker arbeiten.
Neben diesem organisierten Handel sind im Basar eine
Vielzahl kleinerer Gewerbe versammelt: der Spiegelträger,
der sein »Instrument« mit einem Stück Stoff bedeckt und
gegen ein Geldstück enthüllt, der Besitzer einer Waren-
oder Personenwaage, der Dresseur von gelehrigen Tauben,
die mit ihrem Schnabel kleine Papierstücke mit Gedichten
aufpicken, die die Zukunft voraussagen, der Wasserträger
oder Teeverkäufer, die Zigeunerin, die eine Reinigung mit
Weihrauch anbietet, der Bärenführer, der Säbelschlucker,
der Schlangenbeschwörer, der wandernde Märchenerzähler
oder der Musikant.

In den großen Handelsstädten werden den Händlern je
nach ihrer Herkunft und Religion bestimmte Viertel zuge-
teilt: So können die Behörden die Fremden im Auge behalten, und die Händler verfügen über ein Netz gegenseitiger
Hilfe und Unterstützung. Manchmal müssen sie auch ein
besonderes Zeichen wie einen Gürtel, ein Medaillon oder
eine Mütze tragen.
Abends werden die Gassen des Basars von Öl- oder Petro-
leumlampen beleuchtet. Des Nachts werden sie von Wäch-
tern bewacht, und um hineinzukommen, braucht man ein
Passwort, das sich jeden Abend ändert. Ein schweres Tor
grenzt die Karawansereien gegen den Rest des Basars ab.

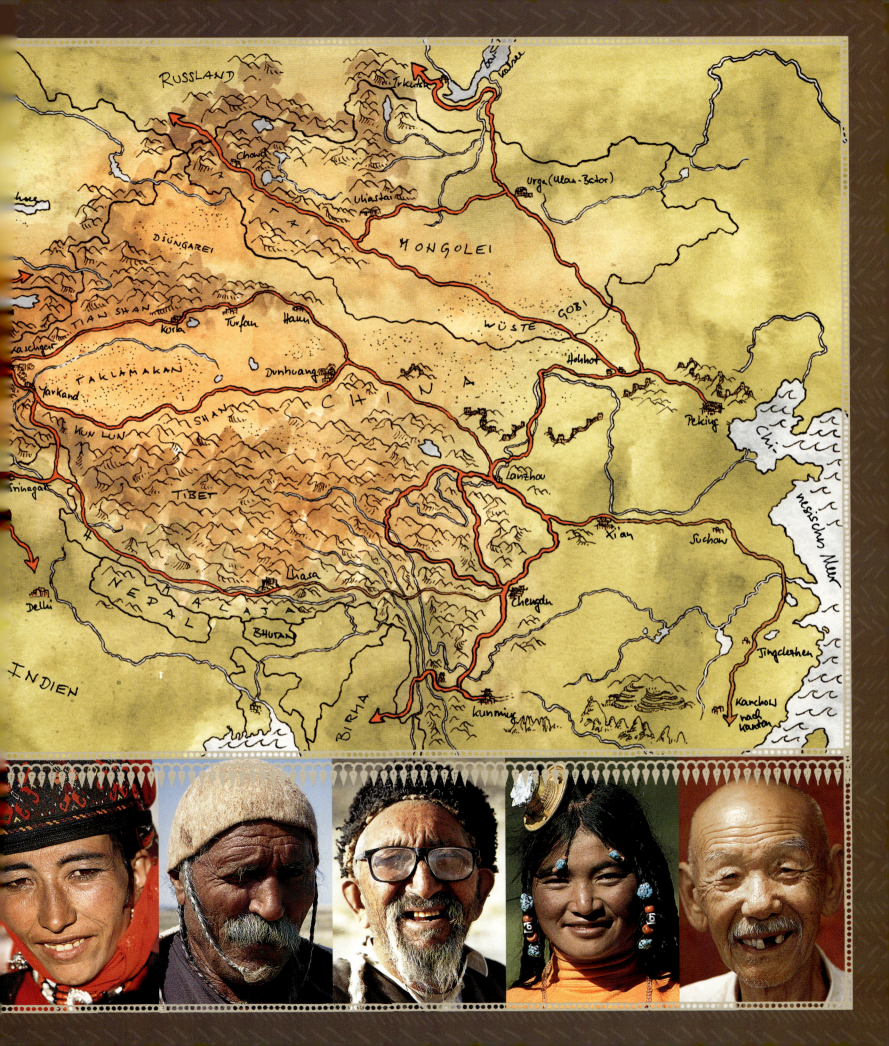

CHINA IM SCHATTEN DER GROSSEN MAUER

»So durchquert man nun die ganze Welt
von einem Ende zum anderen, nur damit
eine römische Dame ihre Reize unter einem
durchsichtigen Schleier zeigen kann.«

Plinius der Ältere, *Naturalis Historia*, 1. Jahrhundert.

Seite 30/31
Die Große Mauer, Grenze
zwischen der sesshaften chinesischen Welt und der großen
Steppe der Nomaden

Oben
Stadtmauer und Tor in Peking

XUZHOU > **GANZHOU** > XI'AN

Abgesandte
am Hof des Kaisers

Als Wiege der chinesischen
Zivilisation ist Xi'an bereits in der
Antike der östliche Ausgangs-
punkt der Karawanenstraßen durch Asien.
In den ersten Jahrhunderten unserer Zeit-
rechnung ist es eine weltoffene, blühende
Stadt mit internationalem Handel, und

der Buddhismus, der über die Straßen Zentralasiens aus Indien hierhergelangte, ist zur
offiziellen Religion geworden. In der großen
Wildganspagode sind in einer weitläufigen
Bibliothek die heiligen Texte des Buddhismus aufbewahrt, die auf der Seidenstraße
nach Xi'an kamen.

Schon im 7. Jahrhundert erweist sich, dass
die Karawanenstraßen zwischen der Hauptstadt und der Westgrenze Chinas für die
ganze dreimonatige Reise vorzüglich eingerichtet sind. Auf der Strecke verkehrt ein
Kutschen- und Postpferdedienst, der Post
und Reisende befördert, und man findet an

jeder Zwischenstation Herbergen. Auf der Großen Mauer ist zudem ein optischer Telegrafendienst in Betrieb, der mit einem System aus Feuern und Rauchsignalen arbeitet. Mit einem ausgefeilten Zollsystem kontrolliert man den Warenverkehr und stellt Einreise- und Ausreisevisa aus, denn nur als Abgesandter kommt man nach China hinein: Karawaniers und Händler sind zu Zünften zusammengeschlossen, in deren Namen ihnen die Herrscher Diplomatenpapiere und die für die Transaktionen nötigen Gelder aushändigen. Die ausländischen Waren werden als Gesandtschaftsgeschenke betrachtet, und der Kaiser von China gibt als Gegenleistung Geschenke von gleichem Wert. Sind die Gesandtschaften aus dem Westen an der Grenze des Reichs angelangt, werden sie zuerst nach Xuzhou geleitet, der ersten chinesischen Stadt, dann nach Ganzhou in der heutigen Provinz Gansu, von wo aus die »Geschenke« von der chinesischen Verwaltung in die Hauptstadt gebracht werden. Nur eine geringe Zahl ausländischer Händler erhält Zutritt zum Hof, wo die wichtigsten Geschäfte verhandelt werden. Die anderen bleiben ein Jahr in Ganzhou, um ihre Geschäfte abzuwickeln.

Oben
In Xi'an, der ehemaligen Hauptstadt des Kaiserreichs China, wacht eine Armee aus 7000 Terrakottasoldaten über die ewige Ruhe von Qin Shi Huangdi, dem ersten Kaiser von China.

Seite 34
Landschaft in Guangxi an der Grenze zwischen China und Südostasien

Links und unten
Das chinesische Kaiserreich versuchte zu allen Zeiten, den Mittelweg zwischen der buddhistischen, taoistischen und konfuzianistischen Philosophie zu finden.

DIE LANGE REISE DES BUDDHISMUS

Über Zentralasien gelangte der Buddhismus von Indien nach China und Tibet. Der Legende zufolge sah der chinesische Kaiser Mingdi im 1. Jahrhundert den Buddha im Traum. Auf sein Geheiß machten sich Pilger und Mönche auf den Weg nach Indien, um ihre Kenntnis der buddhistischen Lehre zu vervollständigen und die heiligen Texte zu übersetzen. Die Arbeit dieser Mönche zeigte in China große Wirkung. Die Abenteuer des berühmtesten unter ihnen, Xuan Zhang, wurden im 16. Jahrhundert in einem Roman mit dem Titel *Die Reise in den Westen* festgehalten, einem legendären Epos, das aus seinem Autor eine der großen Figuren der chinesischen Vorstellungswelt machte. 629 brach er zu einer 27-jährigen Reise auf, durchquerte die Taklamakan-Wüste, anschließend Zentralasien und das heutige Afghanistan und gelangte schließlich nach Indien, wo er 14 Jahre mit dem Studium der Lehre verbrachte. Er besuchte Nepal und Ceylon, bevor er mit einer großen Anzahl Handschriften nach China zurückkehrte. In Xi'an wurde die große Wildganspagode erbaut, um die Texte aufzubewahren, die er mitbrachte. Xuan Zhang lebte dort bis zu seinem Tod, unermüdlich mit der Übersetzung der heiligen Texte beschäftigt.

Seite 36/37
Brücke in Leshan

Links und unten
Tee, Seide und Porzellan – drei
Waren, deren Beinahe-Monopol
über Jahrhunderte für den
Reichtum des Kaiserreichs
China sorgte.

XI'AN > **GUANGZHOU**

Seide, Tee und Porzellan: der Reichtum des Kaiserreichs China

Unter der Tang-Dynastie begeistert sich die chinesische Aristokratie für die Künste und das Handwerk: Musikanten, Tänzer und Akrobaten aller Länder werden an den Hof geladen und führen die Chinesen in die Zirkuskünste ein. Persische Teppiche, Keramikgegenstände, kostbare Stoffe und Weihrauch aus Arabien sind groß in Mode, und der Hof ist begierig nach exotischen Kuriositäten, wie Straußeneiern, Rhinozeroshörnern oder Schildkrötenpanzern. Im Gegenzug ist es die Seide, die im Ausland hoch im Kurs steht. Seit Jahrhunderten gelingt es China, das Geheimnis ihrer Herstellung zu bewahren. Im fernen Europa jedenfalls ist die Ansicht verbreitet, sie wachse auf Bäumen.

Metallwaren aus dem Reich der Mitte genießen ebenfalls einen guten Ruf: Chinesische Kessel und Geräte aus Bronze, polierte Spiegel sowie Waffen und Rüstungen aus Stahl werden am Hof der mongolischen Khans sowie in Russland und Persien geschätzt. Bis ins 19. Jahrhundert tauscht man in den abgelegenen Hochtälern Zentralasiens wie dem Hunza-Tal eine einzige große chinesische Sattlernadel aus Stahl gegen ein Schaf ein. Ab dem 13. Jahrhundert sorgt das Porzellan für den Reichtum des Kaiserreichs, und auch dessen Geheimnis wird eifersüchtig gehütet. China ist zudem Lieferant von Pflanzen,

Gewürzen und Heilkräutern – bis heute stammen viele Blumen in unseren Gärten aus China.

Bestimmte empfindliche Pflanzen reisen ausschließlich auf dem Landweg, aber die meisten werden zum Hafen von Guangzhou gebracht, der über Jahrhunderte hinweg den größten Gewürzmarkt der Welt beherbergt. China seinerseits importiert bestimmte fernöstliche Waren über das Meer: Aloe und Kardamom aus Kambodscha, Gewürznelken und Sandelholz aus Indonesien, Pfeffer und Baumwolle aus Indien, Elfenbein und Edelsteine aus Afrika.

Seite 40/41

Eine große Zahl der Früchte, Gemüse, Blumen und Heilkräuter, die in Europa bekannt sind, stammen ursprünglich aus China. Auf den Märkten findet man fast alles. Unter der endlosen Vielzahl der Geschmäcke, die man dort entdeckt, tun sich Unerfahrene mit den hunderttägigen oder tausendjährigen Eiern besonders schwer.

Oben

Die Chinesen nehmen ihre Mahlzeiten gern im Freien ein: Dies gilt für einfache Garküchen, wo man *momos* (gedämpfte Teigtaschen) verkauft, und auch das Restaurant, vor dem sich glasierte Enten aneinanderreihen.

Seite 43

Nudeln werden in China ebenso häufig verzehrt wie Reis. Der Legende nach soll Marco Polo sie nach Italien mitgebracht haben, aber sie scheinen dort bereits vorher bekannt gewesen zu sein.

Handelsbeziehungen zwischen China und dem Persischen Golf gehen bis in die Antike zurück. Unter Ausnutzung des Monsuns brauchen die muslimischen Händler rund acht Monate, um China zu erreichen. In Guangzhou werden die Waren unter sorgfältiger Bewachung in Lagerräumen untergebracht, bis alle avisierten Schiffe ans Ziel gelangt sind. Zu jener Zeit orientieren sich die Seeleute nach den Gestirnen, in erster Linie am Polarstern, der Sonne und dem Mond; weitere Hilfe bieten der Kompass und das von den Arabern erfundene Astro-labium, mit dem sich die Entfernung der Sterne zum Horizont berechnen lässt.

Über das Meer gelangt auch der Tee aus China nach Indien. Wie die Seide dient er als Tauschwährung, und China ist bis ins 19. Jahrhundert das einzige Land, das Tee produziert. Ab dem Jahr 1000 ist das Tee-trinken in ganz Asien verbreitet, als Import aus Russland taucht das Getränk im 17. Jahrhundert in Europa auf, und der Hof Ludwigs XVI. findet Geschmack daran. Für das europäische Bürgertum wird Tee erst im 19. Jahrhundert erschwinglich.

DIE KRAFT
DER HEILPFLANZEN

Im ganzen Orient entwickelte sich im Mittelalter eine bedeutende Arznei-wissenschaft. Die Heilmittel bestanden aus Pflanzenmischungen, von denen die meisten aus Indien und China stammten, und wahrscheinlich hatten die persischen und arabischen Händler schon früh Kenntnis von der indischen Ayurveda-Medizin und chinesischen Heilverfahren.

Theriak, eine Arznei mit mehreren Hundert Inhalts-stoffen, gehörte zu den berühmtesten dieser alten Heilmittel. Man findet darin vor allem Pfeffer, Myrrhe, Rosen, Opium sowie Vipern- und Biber-extrakte, aber die Rezepte, von denen es ver-schiedene Abwandlungen gab, wurden geheim gehalten. Venedig besaß lange Zeit das Monopol für seine Herstellung und verdiente gut daran.

Seite 44
In China benutzt man vor allem die Pfeife, um Zigarren und Ziga-retten zu rauchen; die Chinesen sind die größten Tabakverbrau-cher der Welt.

Oben
Im ganzen Orient sind Gewürze und Heilpflanzen aus China und Indien hoch begehrt.

»Kandierter Ingwer ist warm, trocken, aphrodisisch, wirkt wärmend auf den Magen und den ganzen Körper. Er ist verdauungsfördernd und reinigend bei Gefühlen von Kälte und Feuchtigkeit. Man verschreibt ihn gegen die Verwüstungen des hohen Alters und den Überschuss an Phlegma.«

Ibn Al-Baytar,
Traité des simples, um 1240.

Oben und rechts
Ingwerwurzeln sind für ihre stärkende und wärmende Kraft bekannt.

Ingwer

Die chinesische Medizin weist der Ingwerwurzel als Stärkungsmittel und Wärmespender in der Krankheitsvorbeugung einen wichtigen Platz zu. Die Perser verwendeten ihn ebenfalls und brachten ihn nach Europa, wo er in der Arzneimittelherstellung und zum Kochen benutzt wurde:

> *Auf Stirn und Schläfen angewandt, vertreibt Ingwer Kopfschmerzen; auf dem Zahnfleisch angewandt, heilt er Zahnschmerzen; er wird gegen Tierbisse angeraten; er wird als Lotion gegen Augenentzündungen empfohlen; er wärmt die von der Kälte geschädigten inneren Organe.«*

Pen Tsao, chinesisches Medizinbuch.

Rhabarber

Im 15. Jahrhundert zählte Ruy González de Clavijo den Rhabarber zu den wichtigsten chinesischen Waren, die auf dem Basar von Samarkand feilgeboten wurden, zusammen mit Seide und Moschus. In China waren die Kräfte der Rhabarberwurzel schon lange bekannt, und chinesische und später persische Apotheker erfanden alle möglichen Präparate, um den Körper zu reinigen und Verstopfung zu lindern. Bis zum 19. Jahrhundert baute Russland auf der Teestraße ein echtes Monopol im Handel mit Rhabarber auf. Zum Niedergang kam es erst, als die chinesischen Häfen für die englischen Schiffe geöffnet wurden. Danach verbreitete sich der Rhabarberanbau auch im Abendland.

Kampfer

Kampfer spielte in China wie auch in Persien, wo er in der Medizin und in der Parfumherstellung verwendet wurde, eine wichtige Rolle. Seine Wirkung ist entgegengesetzt zu jener des Ingwers. Man zerkleinert Stamm, Äste und Wurzeln und formt daraus Briketts oder Platten. Al-Kindi beschreibt in seinem *Buch über die Chemie des Parfüms und der Destillationen*, wie man ihn destilliert, um daraus Kristalle zu erhalten, und nennt zahlreiche Rezepte, in denen er vorkommt. Seine pharmazeutische Verwendung ist uns durch Ibn Rabban bekannt, den Verfasser von *Paradies der Weisheit*, jenes berühmten Buchs, in dem sich die Medizin Chinas, Indiens und Persiens vermischt:

»Kampfer ist ein kaltes, trockenes Heilmittel, er wird zweckmäßigerweise verwendet bei Verstopfungen und chronischen Kopfschmerzen. Dabei beruht seine heilende Eigenschaft auf seinem Duft. Man verschreibt ihn allein oder mit Rosenwasser oder Sandelholzöl vermischt. Regelmäßig angewandt, vermindert er die geschlechtliche Lust. Die Wirkung ist direkter, wenn man ihn einnimmt.«

Mit Aloe vermischt, diente Kampfer auch zur Einbalsamierung der Toten.

Man findet heute in China zahlreiche Varianten des »Tigerbalsams«, einer Salbe auf Kampferbasis, die als Heilmittel gegen alltägliche Leiden, wie Insektenstiche, Prellungen, Kopf- oder Bauchschmerzen, betrachtet wird.

Oben

Die meisten Pflanzen, die man heute als Gewürze betrachtet, wurden zuerst für die traditionelle Arzneimittelherstellung verwendet. Der Hafen von Guangzhou war früher das Zentrum des Gewürzhandels des Orients.

Das chinesische Blauweißporzellan

Im 18. Jahrhundert, als sich das Mongolische Reich von den Toren Chinas bis zum Mittelmeer erstreckt, erlebt der Karawanenhandel einen immensen Aufschwung, und Keramik mit kobaltblauen Motiven gelangt von Persien nach China. Sehr bald begeistern sich Mongolen wie Chinesen für den persischen Stil, und man importiert Kobalt in großen Mengen, um selbst Porzellan herzustellen. Noch heute wird in Jingdezhen, im Zentrum des alten China, das berühmte Blauweißporzellan produziert, dessen Geheimnis jahrhundertelang gehütet wurde.

Bereits im 16. Jahrhundert reißen sich Sammler um die besten Stücke, die um die ganze Welt gehen. Heute kann man im Topkapi-Palast in Istanbul die größte Sammlung

Seite 48/49
Buddhistischer Tempelgarten, Leshan

Seite 50/51
In Jingdezhen, im Zentrum des alten China, stellen Handwerker noch heute auf traditionelle Weise Blauweißporzellan her.

»Sin Kalan [Kanton] ist eine der bedeutend-
sten und schönsten Städte, vor allem was
ihre Basare anbelangt. Die wohl größte Aus-
dehnung hat der Basar der Töpfer. Von hier
exportiert man das Porzellan in die übrigen
Provinzen Chinas, nach Indien und Jemen
[...]. Über Indien wird das Porzellan ausgeführt, das schließlich auch unsere Heimat,
Marokko, erreicht. Es ist die beste Art der
Töpferwaren.«

Ibn Battuta, *Reisen ans Ende der Welt,*
Das größte Abenteuer des Mittelalters, 1325–1353.

mit Blauweißporzellan bewundern, die von den osmanischen Sultanen für teures Geld erworben wurde. Damals ist die Begeisterung so groß, dass europäische Potentaten sich Porzellanservice anfertigen lassen, die mit ihren Wappen bemalt sind – allerdings vergehen zwischen dem Schreiben des Bestellscheins und der Lieferung der Ware drei Jahre. In Syrien, wo die chinesischen Produkte durchkommen, wird dieses Porzellan zur Inspirationsquelle für die örtlichen Handwerker; sie beginnen, Blauweißkeramik »auf chinesische Art« herzustellen.

In Europa versuchen die Manufakturen angestrengt, hinter das Herstellungsgeheimnis zu kommen, aber ihre Bemühungen sind nicht sonderlich erfolgreich. Lange Zeit ist man überzeugt, dass die Chinesen zur Herstellung eine Muschel benutzen – das Wort »Porzellan« kommt vom Katalanischen »porcelana«, wie man im 13. Jahrhundert die kleinen, geschlitzten Seemuscheln nannte, die bereits in der Vorgeschichte als Geld gedient hatten. Man nimmt an, die Chinesen würden diese Muscheln mahlen und kochen, um das berühmte Porzellan zu erhalten.

Seite 52/53
Im Kontakt mit den Persern, die für ihre Keramik Kobaltblau benutzten, entwickelten die Chinesen das Blauweißporzellan, dessen Geheimnis sie mehrere Jahrhunderte lang eifersüchtig hüteten.

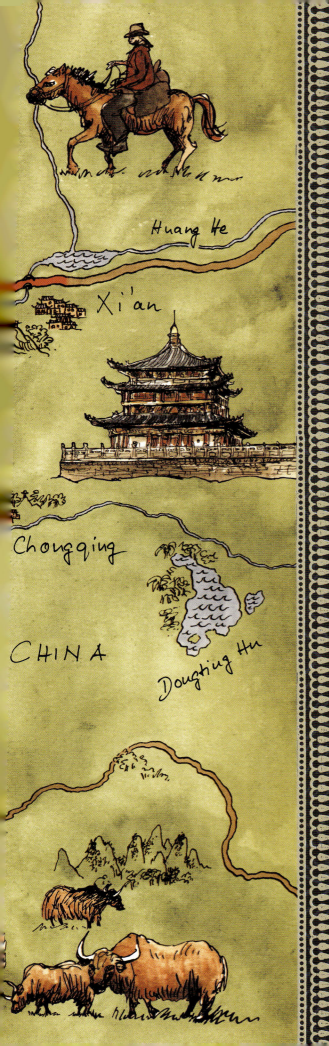

Huang He

Xi'an

Chongqing

CHINA

Dougting Hu

02

DIE STRASSE DER YAKS UND PFERDE VON CHINA NACH BIRMA

Tuocha-Tee aus Yunnan, Heilpflanzen, grüne Jade aus Birma, Silberschmuck, Waffen und Pferde – all diese Produkte waren Gründe für die Schaffung einer großen Karawanenstraße nach Dali, der Hauptstadt des Königreichs Nanzhao in der heutigen Provinz Yunnan an der Grenze zwischen China und Birma. Bereits im 4. Jahrhundert hat General Chang unter der Qin-Dynastie eine fünf Fuß breite Straße eröffnet, die die chinesische Hauptstadt direkt mit der Stadt Dali in Yunnan verbindet, und zwar über die Hafenstadt Yibin am Jangtsekiang in der heutigen Provinz Sichuan. Der Weg ist schwierig, unterbrochen von Bergen, tiefen Schluchten und Bambuswäldern, und an ihrem Rand wohnen wilde Kleinvölker, denen die Karawanen hohe Zölle entrichten müssen, wenn sie nicht ausgeplündert werden wollen.

Seite 56/57
Yi-Bauer in den Ausläufern des
Lian Shan, der Kalten Berge

Oben
Ein Yi mit seinem traditionellen
Umhang

Rechte Seite
Die Überquerung des Lian Shan
auf schmalen Wegen entlang
tiefer Abgründe, wo man sich vor
den Angriffen von Plünderern
ängstigte, war bei den Karawaniers gefürchtet.

XI'AN > **YIBIN** > **XICHANG**

Die Yi aus dem
Land der Kalten Berge

 Sind die Karawanen nach Sichuan
gelangt, überqueren sie den Großen und Kleinen Lian Shan. Hier,
in den »Kalten Bergen«, leben die kriegeri-
schen Yi (oder Lolo), damals ein Volk von
Sklavenhaltern, die regelmäßig die Siedlun-
gen der unteren Täler und die Rastplätze der
Karawanen rings um Xichang plündern.

Der französische Forscher Henri d'Ollone
muss bei seiner großen Reise von Yunnan
nach Gansu mehrere Male verschiedenen
Yi-Würdenträgern Zoll entrichten. Sein Reisebericht enthält zahllose köstliche Details
über die »letzten Barbaren« und beschreibt
raffinierte Winkelzüge, mit denen er der
Expedition die Plünderung ersparen will.

Oben und Seite 61
Die Yi, deren Sklavenhaltergesell-
schaft bis Anfang des 20. Jahrhunderts fortlebte, haben heute
Schwierigkeiten, ihren Platz in der
chinesischen Gesellschaft zu
finden.

»Der Lolo hat zum Schlafen weder ein Bett
noch einen festen Platz; das Einzige, was
er braucht, trägt er stets bei sich: seinen großen Umhang. Er kauert sich an der Feuerstelle nieder; wenn der Schlaf kommt, legt
er sich so nahe wie möglich ans Feuer, die
Beine halb unter den Mantel gezogen; dieses Kleidungsstück schützt ihn so gut vor
Regen, Schnee und Kälte, dass es der Lolo als unverzicht-
bar betrachtet. Nie legt er es ab, sommers wie winters.«

Henri d'Ollone, *Les derniers barbares, Chine, Tibet, Mongolie*, 1911.

XICHANG > **LIJIANG** > DALI

Lijiang und das Volk der Naxi

Seite 62/63
Die Fluten des Jangtsekiang oder
Blauen Flusses haben sich tief in
die Höhenzüge des Lian Shan
eingeschnitten.

Am Ausgang der Kalten Berge,
wo die Höhenlage und das Gelände nicht mehr so rau sind, ersetzt
man die Yaks durch Pferde. Die Karawanen
zählen bis zu 300 Tiere, und es dauert rund

zwei Wochen, bis sie Lijiang erreichen, die
Hauptstadt der Naxi, eines mit den Tibetern
verwandten Volkes. Am Fuß des Yulong
Shan, des herrlichen schneebedeckten Jade-
drachenbergs, liegen die gepflasterten Gassen
der Altstadt, die von Kanälen mit kleinen
Steinbrücken durchzogen ist. Von ihrer früheren Bedeutung für den Karawanenhandel
zeugen unzählige holzgetäfelte Läden. Fast
alle Häuser sind von hohen Mauern umgeben und um einen kleinen Hof herum ange-
ordnet, wo jede Familie sorgfältig Azaleen,
Rosenstöcke und Bonsaibäume zieht.

Seite 64 und oben
In Yunnan besteht die Bevölkerung, die sich aus einem Mosaik
kleiner Gruppen zusammensetzt,
noch größtenteils aus Bauern.

Links
Hängebrücke in der Region
Lijiang

Die alten Straßen von Lijiang, einem ehemaligen Kara-wanenkontor an der Teestraße und Hauptstadt des Volks der Naxi

JOSEPH ROCK

Dieser amerikanische Botaniker, der 1922 nach Lijiang kam, widmete 30 Jahre seines Lebens der Erforschung des Volks der Naxi und seiner berühmten Bilderschrift. Daneben führte er in den Bergen, die über den Schluchten des Jangtse aufragen, Pflanzenstudien durch. 1947 veröffentlichte er sein bekanntestes Werk, *The Ancient Na-Khi Kingdom of Southwest China*. Es folgten Reportagen für die Zeitschrift *National Geographic*, die mit Fotos der Berge und ihrer äußerst vielfältigen Pflanzenwelt illustriert sind.

Oben
Ein traditioneller
chinesischer Verkaufsstand

Rechts
In Südchina stellt man eine große
Vielfalt von Gegenständen aus
Bambus her – hier eine Wasser-
pfeife, die zum Tabakrauchen
verwendet wird.

Seite 69
An entlegenen Orten Chinas
tragen manche ältere Leute noch
den blauen Mao-Anzug und die
dazugehörige Mütze.

Dali, Hauptstadt von Nanzhao

Am Fuß des Cangshan-Gebirges liegt auf 1800 Metern Höhe die befestigte Stadt Dali, Hauptstadt des alten, mächtigen Königreichs Nanzhao. Beim Anblick der Pagoden, die friedlich am Ufer des großen Sees Erhai stehen, kann man sich nur schwer die blutigen Kämpfe vorstellen, die von den Kaisern der Han- und Tang-Dynastien ausgefochten werden mussten, um die Tore Birmas und Indiens für den Handel mit China zu öffnen.

Am Ufer des Erhai findet der Wochenmarkt von Shaping statt, er ist bis heute einer der wichtigsten regionalen Handelsplätze. Bereits in der Morgendämmerung versammelt sich hier ein ganzes Völkchen aus Fischern, Reisbauern und Handwerkern. Körbe mit Auberginen, Paprikaschoten und mit Weihrauch sowie Fischernetze in allen Größen häufen sich über- und nebeneinander in einer

Dschunken auf dem Erhai-See in Dali, der Hauptstadt des ehemaligen Königreichs Nanzhao

71

Seite 72/73
Weihrauch und Flechtwerk auf
dem Markt von Shaping

großen Kulisse aus Geräuschen, Gerüchen und Farben, bei denen das Rot und Blau der traditionellen Frauenkleidung vorherrschen. Die große Versammlung des Volkes der Bai findet jedes Jahr Mitte April bei einem Fest statt, das der Göttin Guanying gewidmet ist, der buddhistischen Bodhisattva der Barmher- zigkeit. Der Legende nach soll sie zur Zeit des Königreichs Nanzhao in der Gestalt eines Mönchs erschienen sein. Seither säumen zahlreiche Tempel zu Ehren Guanyings den Fuß der Cangshan-Berge und sorgen für den Schutz und die Fruchtbarkeit der Reisfelder und den Fischreichtum des Sees.

»Es ist die Karawane, die große Karawane aus Koko-Nor. Beladen mit Häuten und Fellen, die sie im Tausch gegen den mitgebrachten Tee erhalten hat, kommt sie durch einen glücklichen Zufall genau zum rechten Zeitpunkt, um uns zu retten. Denn es sind Verbündete: Als Chinesen und Tibeter gehen sie in den Wüsten dieselben Risiken ein wie wir, und ihre Waren werden die Gelüste derselben Angreifer wecken. Unsere Männer kennen sie alle. Sofort macht die Spitze der Karawane halt, und unsere beiden Lager stehen sich gegenüber, während die endlose Reihe der Yaks weiterhin von der Höhe herunterkommt.«

Henri d'Ollone, *Les derniers barbares, Chine, Tibet, Mongolie*, 1911.

Die Yak-Karawanen der tibetischen Sherpa brachten früher den Tee aus Yunnan an die Grenzen der Mongolei, wo er gegen Wolle, Salz und Felle getauscht wurde.

Oben
Bis heute sind die Yak- und
Pferdekarawanen in den Hoch-
tälern Osttibets das einzige
Fortbewegungsmittel.

Seite 77
Junger Ngolok-Hirte

CHENGDU > **SUNGQU** > XINING

Die große Karawane
aus Kokonor

Sungqu (Songpan) vor den Toren
Osttibets ist ein wichtiger Rast-
platz für die chinesischen und
tibetischen Händler zwischen den Provinzen
Sichuan und Amdo. Enorme Mengen Tee
aus Ya'an passieren den Ort; sie werden mit
Yak-Karawanen, die von tibetischen Sherpa

angeführt werden, ins Land der Ngolok und
bis an die Grenzen von Kokonor (Qinghai),
der Mongolei und des Qaidam-Beckens gebracht, wo sie gegen Wolle, Salz und Felle
getauscht werden. Die Expeditionen, an
denen 250 Reiter und 2000 Yaks teilneh-
men, dauern vier bis sechs Monate; die letzte große Karawane wird 1952 ausgerüstet.
Der Tee, den sich die chinesischen Händler
aus Sungqu in Sichuan-Dollar bezahlen lassen, wird in gepresster Form in langen Bam-
buskörben geliefert, die man fest in frische
Häute einnäht, bevor man sie auf die Yaks
lädt. Jedes Oberhaupt, das an der großen
Karawane teilnimmt, führt die Männer und

Seite 78/79
Im Inneren eines Zeltes in Osttibet

Oben
Mit seiner Widerstandskraft,
Stärke und Trittsicherheit in
schwierigem Gelände ist der Yak
das ideale Lasttier für die langen
Karawanenwege Tibets.

Tiere seines Clans an; man rechnet mit
einem Mann auf 15 oder 20 Yaks.
Die große Karawane benötigt unerschro-
ckene und belastbare Männer, die sich mit
kargen Mahlzeiten zufriedengeben und mit
Yaks und Pferden umzugehen wissen. Zwei
Monate vor dem Aufbruch muss das Mate-
rial instandgesetzt werden; Filzdecken, Sät-
tel, Geschirre und Seile werden angefertigt.
Die Ohren der Yaks schmückt man mit
Wimpeln in den Hausfarben des Besitzers.
Die Frauen bereiten die nötigen Lebensmit-

tel vor: Butter, Tee, Käse, Salz, Trockenfleisch und *tsampa*, geröstetes Gerstenmehl.
Für die Pferde nimmt man einen Vorrat aus
Erbsen, Gerste und Weizen mit.
Im Herbst befragen die Anführer einen
Wahrsager, um den Tag des Aufbruchs zu
bestimmen. Man erfleht den Schutz des Gottes der Gegend, indem man den Tsang-Ritus
vollzieht, und gibt im Kloster Gebete und
Gottesdienste in Auftrag. Auf den Weg
macht man sich im Winter, wenn der Frost
die Hochmoore passierbar macht, die den

größten Teil des Plateaus bedecken. Jeden Tag stehen die Karawaniers zwei bis drei Stunden vor Tagesanbruch auf und nehmen ein schnelles Frühstück mit Tee und *tsampa* ein. Man schirrt die Pferde an und belädt die Yaks. Wenn der Lagerchef den Befehl dazu gibt, bricht eine Gruppe (rund 20 Tiere) nach der anderen auf. Der Lagerchef wacht über die Ordnung und Sicherheit der Karawane, legt die Route und die Lagerplätze fest und verhandelt über Durchzugsrechte. Dabei verfügt er über ein Dutzend Reiter, die

als Kundschafter vorausgeschickt werden, während andere Berittene als Geleitzug neben der Karawane herreiten. Man fürchtet Angriffe von Räuberbanden, vor allem aus dem Volk der Ngolok und Sogpo, die sich an keine Vereinbarung halten und ohne Zögern alle Karawanen erpressen, die nicht ausreichend geschützt sind. Gegen Mittag, nachdem man in einem siebenstündigen Marsch rund 20 Kilometer zurückgelegt hat, wird das nächste Lager errichtet, denn man muss den Tieren genügend Zeit zum Weiden lassen.

Ganz oben
Pferderennen und Weideauftrieb

Oben links
Ein Zeltlager der Dropa, nomadischer Tierzüchter

Oben rechts
Ein Dorf der Rongpa, sesshafter Bauern

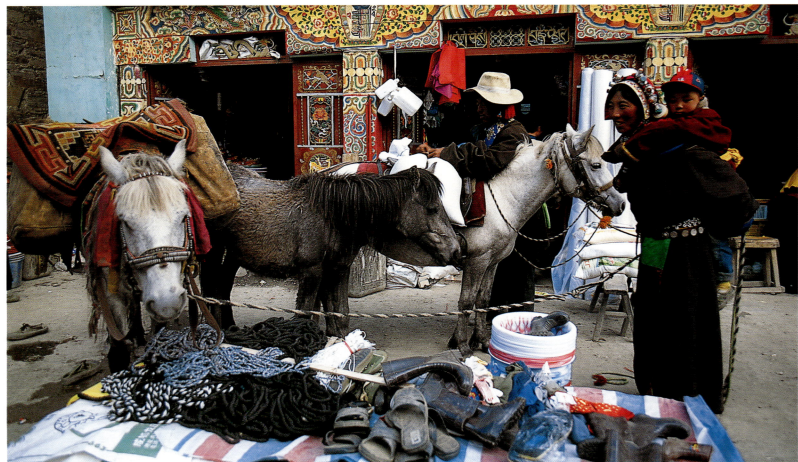

Seite 82/83
Tibetische Karawane im Nyenpo-
Yurtse-Massiv in Amdo

Seite 84, oben
Traditionelles Haus in Osttibet,
tibetischer Pilger

Seite 84, unten
Läden und Stände in den Durch-
gangsorten an der Straße zwischen China und Tibet

Oben
Nomadenstand, der bei einem
yaji aufgebaut wird, dem großen
Sommerfest

Wenn das Gelände es ermöglicht, wird das Lager kreisförmig aufgebaut; dabei hängt die Lage jeder Feuerstelle von der Reihenfolge des Aufbruchs am nächsten Morgen ab. Für die Nacht werden die Yaks an vier Seiten mit Stricken festgebunden und die Lasten dahinter zu einer Schutzmauer aufgehäuft. Jedes Feuer hat seinen Wachhund, der vor Dieben und Wolfsrudeln warnt. Alle schlafen unter freiem Himmel, in Bären-, Wolfs- oder Schaffelle gehüllt, ohne jemals die *chuba* und die Stiefel auszuziehen, und mit dem Gewehr stets bei der Hand. Hat man das Gebiet der Nomaden von Amdo erreicht, versammelt der Lagerchef die Männer. Man entscheidet über die Zeit, die man sich zum Handeln

lassen will – in der Regel drei oder vier Wochen –, und setzt ein Datum für die Zusammenkunft vor der Rückkehr fest. Am nächsten Tag zerstreut sich die Karawane. Die Feuer wandern in alle Richtungen des Nomadengebiets, da jede Gruppe ihren eigenen Handel treibt. Die Verkaufsverhandlungen finden nach einem genau festgelegten Ritual statt. Man begibt sich zum Zelt eines Nomadenoberhaupts, das den Karawaniers seine Gastfreundschaft anbietet, dann können die Transaktionen beginnen. Unter der Aufsicht des Clanchefs tauscht man mit den Tierzüchtern Tee gegen Wolle, Filz, Lammfelle und Salz, aber auch gegen Yaks und Pferde und sogar große Wachhunde.

DIE NGOLOK, TIBETISCHE RÄUBER AUS AMDO

Seite 86/87
Ngolok-Reiter, in ihre Winter-
kleidung gehüllt. Die räuberischen Ngolok verbreiteten früher
unter den Karawanen, die ihr
Gebiet durchquerten, Angst
und Schrecken.

In früherer Zeit genügte bereits die Erwähnung der Ngolok-Nomaden, deren Wildheit in ganz Tibet bekannt war, um die Händler und Pilger mit Schrecken zu erfüllen, die ihr Gebiet durchqueren wollten. Das Gebiet der nomadischen Ngolok entspricht in etwa der alten Provinz Amdo, die heute zur chinesischen Provinz Qinghai gehört.

Die Ngolok-Räuberbanden suchten die ganze Region bis in die Sümpfe des Qaidam-Beckens heim. Sie stahlen das Vieh, plünderten die Lager und pressten den Karawanen Waren ab, die sich nur mit starken, bewaffneten Geleitzügen fortbewegen konnten.

1935 berichtete der deutsche Tibetforscher Ernst Schäfer, eine Prinzessin namens Chigma Dröma regiere über alle Ngolok-Gruppen, und eine Garde aus 1700 Reitern bilde ihre Armee. Sie soll 1939 bei einer Strafexpedition der chinesischen Armee getötet worden sein.

»Die zwölf Stämme der Ngolok, die in der Schleife und südlich des Ma-chu leben, haben einen König, der in Artchun im Tal dieses Flusses residiert. Es ist ein gleichrangig organisiertes Volk von räuberischen Kriegern. Jeden Sommer machen sie eine oder mehrere Expeditionen mit einigen Hundert Reitern, die in die Ferne schweifen, um ihre Beutezüge zu Gunsten ihrer Häuptlinge und ihres Königs durchzuführen. Niemand kann auf ihrem Gebiet passieren außer den Karawanen bestimmter Klöster und den Muslimen ... Der Schrecken der Ngolok erzeugt Leere im Westen ihres Gebiets in den schönen Weiden des hohen Ma-chu.«

Fernand Grenard, aus: *Mission scientifique dans la Haute-Asie, 1890–1895*.

Oben
Der Potala-Palast, Zentrum
der politischen und geistlichen
Führung Tibets vor der chinesischen Invasion

MONGOLEI > KOKONOR-SEE > LHASA

Von der Mongolei durch Amdo nach Lhasa

Eine Variante der Straße der Yaks verbindet die Mongolei mit Lhasa und führt dabei durch das Gebiet des Kokonor-Sees und dann über die Quellen des Gelben Flusses, bevor sie zu dem kleinen Ort Nagchu gelangt. Im 19. Jahrhundert versuchten Forscher wie Sven Hedin, Régis Evariste Huc oder Gabriel Bonvalot, auf dieser Route nacheinander Lhasa zu erreichen, die Hauptstadt Tibets. Von Lhasa aus stellten schließlich Karawanenstraßen die Verbindung mit Nepal und Indien her.

»Erst gegen Ende Oktober traf die tibetische Gesandtschaft ein, welcher sich unterwegs schon viele mongolische Karawanen angeschlossen hatten, um sicher nach Lhasa zu kommen.

In früheren Zeiten schickte die tibetische Regierung alljährlich eine solche Gesandtschaft nach Peking. Im Jahre 1840 wurde sie von den Kolo angegriffen und musste denselben eine Schlacht liefern, die vom Morgen bis zum Abend dauerte. Die Räuber wurden aber zurückgeschlagen, und die große Karawane konnte bei Nacht weiterziehen. Aber am anderen Morgen fehlte der Tschanak-Khampo oder Oberlama, der als Gesandter des Tale-Lama [Dalai-Lama] am Hof von Peking beglaubigt war. Alle Nachforschungen waren vergebens, und man nahm an, er sei von den Kolo als Gefangener weggeführt worden. Die Karawane zog indessen weiter und kam in Peking ohne den Gesandten an. Der Kaiser brach in Klagen aus über eine so unselige Begebenheit.«

Régis Evariste Huc, *Reise durch die Mongolei nach Tibet und China, 1844–1846.*

Oben links
Junge Ngolok-Nomadin

Ganz oben
Rast auf einem Weideplatz

Oben
Nomadenkarawane

INNERE

MONGOLEI

Peking

Gelbes Meer

Jangtsekiang

03

DIE TEE-STRASSE
VON CHINA DURCH DIE MONGOLEI NACH RUSSLAND

»Mit dem vorliegenden Vertrag und um
die Überfälle und Plünderungen der Mongolen
zu unterbinden, die bei ihren gewerblichen
Erzeugnissen ganz von China abhängen,
beschließen wir, Märkte zu eröffnen, auf
denen offiziell gehandelt werden: Gold,
Silber, Vieh, Pferde, Rosshaar, Satin, Seide
und Tee sowie Kessel aus Metall.
500 Soldaten werden am Ort des Markts
stationiert, der einen Monat dauern wird.«

Wang Chong-Nu, chinesischer Gouverneur, 1571.

Zhangjiakou, die Mauer öffnet sich

1571 stellt Wang Chong-Nu, der Generalgouverneur der nordchinesischen Provinzen, der auf den Märkten des Kaiserreichs Frieden schaffen will, offiziell diplomatische Beziehungen zu dem Tumeden Altan Khan her, der damals über die Steppe regiert. Mit einem Handelsabkommen zwischen China und der Mongolei wird in Zhangjiakou ein großer Markt eingerichtet, der im Frühjahr und Herbst eines jeden Jahres stattfindet. Sehr bald mehren sich die Märkte an den Grenzen der Mongolei, nördlich des Gelben Flusses, des Ordo-Plateaus und in Ningxia. 1578 können 40 000 Ponys die Große Mauer überschreiten und dem chinesischen Heer Nachschub an Reittieren liefern, an denen es ihm so bitter mangelt.

Ab 1616 erlaubt unterhalb des Juyongguan-Passes an der chinesisch-mongolischen Grenze eine gravierte Steinsäule den Karawaniers das Überschreiten der Großen Mauer: Der erste Abschnitt der Teestraße von China in die Mongolei ist entstanden. Schnell erlebt diese große Handelsstraße einen Aufschwung, und über den Juyongguan-Pass ziehen lange Karawanen von und nach Russland.

Seite 92/93
Kamelherde in der endlosen
Weite der Wüste Gobi

Rechts
Zugefrorener See im
mongolischen Altai

Oben
Kasachische Nomaden beim
Aufbau ihrer Jurte

»Fünf große Häuser
aus Bijsk haben hier
Vertreter, die Mehl,
Tee und Baumwolle
importieren und
dafür Felle und
Wolle exportieren.
In wenigen Tagen
werden Hunderte
von Kamelen Kobdo
[Chowd] in Rich-
tung der sibirischen
Grenze verlassen.«

Henry de Bouillane de Lacoste,
*Au pays sacré des anciens
Turcs et des Mongols*, 1911.

Chowd und Uliastai, chinesische Handels- kontore in der Mongolei

Ab dem 18. Jahrhundert breiten
die Chinesen unter der Herrschaft der Mandschu-Dynastie
ihr Handelsreich über die Mongolei aus.
Speziell für diesen Zweck werden Gesellschaften gegründet, in denen 7000 Personen
angestellt sind; unter ihnen ist das Haus Da
Sheng Kui führend. Es richtet Kontore im
Gobi-Altai, in Chowd und in Uliastai am
Fuße des Changai-Gebirges ein. Diese Kontore schlagen jährlich über 10 000 Kisten
Tee um, wobei ein Teeziegel zu bestimmten

Zeiten den schwindelerregenden Preis von vier Silberstücken erzielt.

Zu den Waren, die von China über die Mongolei nach Russland transportiert werden, gehören nicht nur Tee, Rhabarber, Seide und Satin, sondern auch Salz und große Mengen eines Tabaks mit sehr ungewöhnlichem Geschmack, der unter dem Namen *shar* bekannt ist. Fachleuten zufolge enthält dieser Tabak, der in einer Pfeife mit Kupferkopf geraucht wird, geringe Mengen Opium.

»Die Mongolen bereiten den Tee anders zu als die Chinesen, welche bekanntlich nur die kleinsten und zartesten Blätter nehmen und Wasser daraufgießen. [...] Die gröberen und feineren Zweige werden gepresst. Sie sehen dann wie Backsteine aus und kommen als Ziegeltee oder mongolischer Tee in den Handel. Er wird nur von den Mongolen oder Russen getrunken. Diese verbrauchen davon eine große Menge.«

Régis Evariste Huc, *Reise durch die Mongolei nach Tibet und China, 1844–1846.*

Ganz oben
Uliastai, ein ehemaliges Karawanenkontor an der Teestraße

Oben
Tee, Tabak und Stoffe waren zusammen mit Salz und Rhabarber die wichtigsten Waren, die von den Karawanen durch die Mongolei transportiert wurden.

Seite 96/97
In der endlosen Weite der Mongolei, wo ein Straßennetz fehlt, ist das Kamel für die Nomaden noch immer das wichtigste Transportmittel.

»Unsere armen Kamele sind unter ihrem langen Winterfell zum Erbarmen mager, aber sie haben 3000 Kilometer auf dem Buckel und seit einem Monat fast nichts mehr zum Weiden. Die Hitze, die Fliegen, die Kälte, den Schnee – alles haben sie ausgehalten und sind dabei stets in der gleichen feierlichen Haltung inmitten der endlosen leeren Räume dahingeschritten.«

Henry de Bouillane de Lacoste,
Au pays sacré des anciens Turcs et des Mongols, 1911.

Links
Früher waren die Karawanen vor allem im Winter unterwegs.

Oben
Beladen eines Kamels; das schlechte Wetter zwingt die Nomaden bisweilen dazu, sehr schnell den Lagerplatz zu wechseln.

Oben rechts
Ein kasachischer Nomade. Die Kasachen bilden im Nordwesten der Mongolei eine große Bevölkerungsgruppe.

Zwischen Hohhot, das heute im autonomen Gebiet Innere Mongolei der Volksrepublik China liegt, und Chowd muss man 40 Reisetage rechnen, dann noch einmal zwei Wochen, bis man nach Uliastai kommt. Von hier aus erreicht man in einem Monat Urga (Ulan-Bator) und dann Kiachta an der russischen Grenze. Die Karawanen sind zu Transporteinheiten geordnet, die je 14 Kamele zählen, wobei 14 Einheiten wiederum eine

Karawane mit 196 Kamelen bilden; so sind rund 3000 Kamele auf der Straße unterwegs. Die Karawanen ziehen im Winter, zwischen November und April, wodurch sie der großen Sommerhitze entgehen, die für die Lasttiere sehr schädlich ist; diese müssen überdies auf den fetten Weiden der warmen Jahreszeit ihre Gesundheit wiederherstellen. Die Karawaniers der Harchin aus der Inneren Mongolei reisen nachts. Sie brechen zwi-

schen drei und fünf Uhr nachmittags auf und halten nach zehn- oder zwölfstündigem Marsch bei Tagesanbruch an. Die Karawaniers der Chalka aus der Äußeren Mongolei reisen hingegen am Tag, wobei sie zwischen fünf und sechs Uhr morgens aufbrechen und am späten Nachmittag anhalten. An der Zwischenstation wird eine große Jurte, in der 40 Personen Platz finden, als Hauptquartier verwendet, während die Kameltreiber in kleinen Jurten untergebracht sind. Auf der ganzen Strecke dienen die buddhistischen Klöster als Herbergen, wo die Karawaniers gegen Geld Quartier, Verpflegung und Ersatztiere finden. Jedes Kloster besitzt für diesen Zweck reservierte Weiden und kann in kürzester Zeit Lasttiere, Reittiere und Kameltreiber bereitstellen. Dieses lukrative Geschäft sicherte bis zur kommunistischen Revolution vielen Klöstern ein Auskommen.

Oben
Im Winter ist die mit mehreren Schichten Filz bedeckte Jurte ein behaglicher Zufluchtsort.

Bei den mongolischen Nomaden

Seite 104/105
Im Innern einer kasachischen
Jurte

Oben
Ein mongolischer Hirte vor seiner
Jurte. Die Nomaden betreiben
traditionell eine Fünf-Tier-Wirt-
schaft mit Pferden, Ziegen,
Schafen, Kamelen und Yaks.

Von den großen gelben Dünen
und schwarzen Bergen der Wüste
Gobi, dem Land der Kamelzüch-
ter, bis zu den Prärien und bewaldeten Bergen des Changai und ins Zentrum des Altai
wandern die Mongolen mit den Jahreszeiten.
Sie behalten damit eine an die Umgebung
der Steppe angepasste alte Lebensweise bei.
Bei diesem Reitervolk gibt es keinen Grund-
besitz, und ihre Wanderungen mit Kamel-

karawanen oder von Yaks gezogenen Karren folgen Konzepten, die im Laufe einer
mehrere Jahrhunderte langen Anpassung
entstanden. Da die Tierhalter die natürlichen
Zyklen der Vegetation perfekt zu nutzen
wissen, zählt das Land zwei Millionen Pferde, ebenso viele wie Bewohner, und über
25 Millionen Stück Vieh. Man betreibt hier
eine Fünf-Tier-Wirtschaft mit Schafen,
Ziegen, Pferden, Yaks und Kamelen.

Ganz oben
In den Nomadenlagern leben oft
mehrere Familien zusammen.

Links
Tuva-Hirte

Oben
Eine Vielzahl von Seen lockert die
endlose Weite der Steppen und
Gebirge der Mongolei auf.

Ganz oben links und oben rechts
Die Frauen übernehmen das
Melken und die Käseherstellung.

Ganz oben rechts
Die *urga*, eine Art Lasso an
einem biegsamen Stab, dient
zum Einfangen von Pferden und
Kamelen, die nach einer Saison
auf den Weiden verwildert sind.

Oben links
Rinderkarren werden nach wie
vor bei Wanderungen verwendet.

»Zuweilen gelangt man in Landstriche, wo die
Ebene mannigfaltiger und belebter erscheint,
als es gewöhnlich der Fall ist, namentlich dann,
wenn Wasser und gute Weiden viele Menschen
angezogen haben. Dann erheben sich überall
Zelte von verschiedener Größe. Sie sehen aus
wie Luftballons, die eben vom Gas aufge-
schwellt sind und in die Höhe steigen wollen.
Die Kinder haben Tragkörbe auf dem Rücken

und sammeln Lehmbrocken, die sie vor dem
Zelt auf einen Haufen legen. Die Frauen fangen
Kälber ein oder kochen Tee in freier Luft oder
bereiten Milchspeisen. Die Männer tummeln
feurige Rosse und treiben die Herden von
einem Weideplatz zum andern. Aber dieses
belebte Bild verwandelt sich oft in allerkürzes-
ter Zeit. Wo eben noch das lauteste Treiben
herrschte, wird plötzlich alles leer und öde,

Zelte, Menschen und Herden sind auf einmal verschwunden. Man sieht in der Einöde nur noch Aschenhaufen, schwarze Stätten, auf welchen ein Herd stand, dann und wann Knochen, um welche die Raubvögel streiten. Das ist alles, woraus man annehmen kann, dass am Abend vorher der wandernde Mongole dort seine Zelte aufgeschlagen hatte. Und weshalb sind sie denn so plötzlich weiterge-

wandert? Die Herden hatten Gras und Kräuter abgeweidet, der Führer hat dann das Zeichen zum Aufbruch gegeben, die Hirten haben die Zelte abgebrochen und zusammengelegt, um an einer anderen Stelle, gleichviel wo, Futter für das Vieh zu suchen.«

Régis Evariste Huc, *Reise durch die Mongolei nach Tibet und China, 1844–1846.*

Oben
Tuva-Familie vor ihrer Jurte

Seite 110/111
Eine vierköpfige Familie braucht
rund zwei Stunden, um eine Jurte
aufzubauen. Durch ihren leichten,
gut transportierbaren Unterbau ist
sie das ideale Wohnhaus für die
nomadischen Viehzüchter.

DIE JURTE, DAS GENIALE WOHNHAUS DER STEPPENNOMADEN

Die Jurte entspricht vortrefflich den Erfordernissen der mongolischen und zentralasiatischen Steppen und Gebirge. Durch ihren biegsamen, vorgespannten Unterbau trotzt sie den wildesten Stürmen. Für das Gitter der Wände und die leichten Stangen des Dachs braucht man keine großen Holzteile, die schwer zu befördern wären. Die meist aus mehreren Schichten bestehende Filzabdeckung bildet eine hervorragende Isolierung gegen Hitze und Kälte. Mit dem Aufbau einer Jurte sind je nach Größe zwei bis vier Personen zwei bis drei Stunden beschäftigt. Man stellt zunächst die Tür auf und breitet das Holzgitter aus, dann bringt man den

Pferdewagen in der mongolischen Steppe

Dorf in der Mongolei

HENRY de BOUILLANE de LACOSTE

Als brillanter Offizier nahm der Franzose Bouillane de Lacoste zu einer Zeit, in der sich koloniale und wissenschaftliche Zielsetzungen überschnitten, an zahlreichen Expeditionen teil. Bei seiner Studienreise durch die Mongolei vermischten sich Geografie, Botanik, Geologie, Archäologie und Politik. Von Peking aus erreichte der Expeditionstrupp mit der Transsibirischen Eisenbahn den Baikalsee und gelangte auf der Teestraße nach Ulan-Bator, dann nach Uliastai und Chowd, bevor er den mongolischen Altai überquerte. Insgesamt legte Bouillane de Lacoste 3000 Kilometer erst mit dem Karren, dann mit dem Pferd und dem Kamel durch Steppen, Wüsten und Berge zurück.

Kompressionsring an und befestigt die Dachstangen am Ring und am Gitter, ebenso den Gurt, der für die Spannung des Ganzen sorgt. Schließlich breitet man die Filzbahnen über Dach und Wände. Eine mittelgroße Jurte wiegt 250 Kilogramm; für den Transport sind zwei Kamele oder Yaks nötig, bisweilen verwendet man Karren. Früher beförderten manche Nomadenstämme ihre Jurten vollständig aufgebaut auf riesigen Karren, die von Rindern gezogen wurden.

Seite 112/113
Eine Karawane in der nordmongolischen Taiga, Provinz Chentii

Oben
Mit ihren majestätischen Greifvögeln jagen kasachische Adlerjäger alle Arten von Beutetieren, sogar Wölfe.

KIROW > **URGA** > ZHANGJIAKOU

Russische Karawanen erreichen China

1675 kommt die erste staatliche Karawane aus Russland in Urga an; 1689 besiegelt der Vertrag von Nertschinsk die Handelsbeziehungen zwischen dem russischen Zarenreich und dem Kaiserreich China. Zar Peter scheut keine Mühen, um den russischen Händlern neue Absatzmärkte zu verschaffen, und die Teestraße erlebt einen neuen Aufschwung.

Die Strecke führt über Kirow und Jekaterinburg nach Tomsk, weiter durch die sibirische Taiga nach Nowosibirsk, Krasnojarsk und Irkutsk am Baikalsee und erreicht über Urga schließlich Zhangjiakou. Neben Gold exportieren die Russen auch Pelze und Bernstein nach China, außerdem gewerbliche Erzeugnisse, vor allem europäische Kleidung, später auch Gewehre und Munition.

Im 18. Jahrhundert liegt der Karawanenhandel durch Sibirien und Russland in den
Händen chinesischer Muslime, aber auch
oiratischer Mongolen, Kalmücken, Tadschiken und Usbeken, die meist aus den Khana-
ten Zentralasiens stammen und allgemein
als Bucharier bezeichnet werden.

Zum Niedergang dieses Handels kommt es
erst ab 1858, als das Abkommen von Peking
China dazu verpflichtet, dem Westen – allen
voran Großbritannien – Konzessionen zu
erteilen und Handelshäfen zu öffnen. Nun
erleben die großen Seewege einen Aufschwung, allerdings auf Kosten der alten
Karawanenstraßen, denen das Vorrücken der
Eisenbahn, vor allem der Transsibirischen,
einen tödlichen Stoß versetzt.

»Russische Waren kommen auf
der Straße, die nach Kiachta
führt. Über denselben Karawa-
nenweg treiben die Mongolen
unablässig zahlreiche Herden
von Ochsen, Kamelen und
Pferden. Als Rückfracht
nehmen sie Tuche, Tabak und
Ziegeltee. Dieses unablässige
Zu- und Abströmen von
Fremden belebt das Bild von
Dolon-nor außerordentlich.«

Régis Evariste Huc, *Reise durch die Mongolei
nach Tibet und China, 1844–1846*.

Oben links
Kasachischer Nomade

Ganz oben rechts
Durchquerung eines Flusses

Oben
Weideauftrieb

Seite 116/117
An der Grenze zwischen der
Mongolei und Sibirien züchten
die Tsaatan-Nomaden bis heute
Rentiere. Die Domestizierung des
Rens, die weiter zurückliegt als
die des Pferdes, stand am
Ursprung der großen Nomaden-
kulturen.

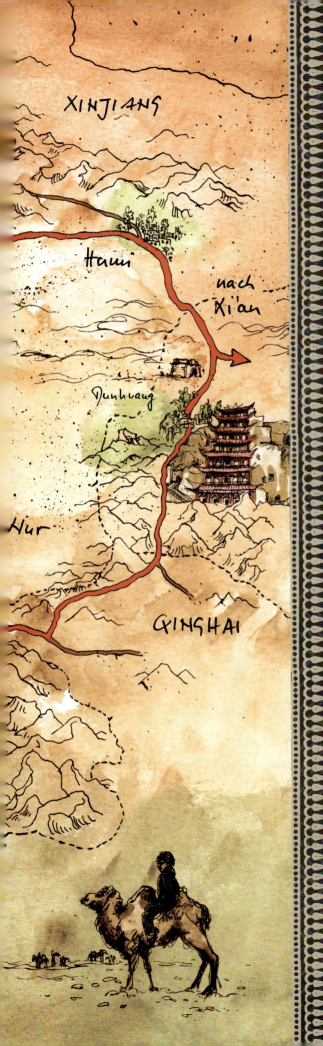

DIE SEIDEN-STRASSE DURCH DIE TAKLAMAKAN-WÜSTE

»Die Wüste in ihrer ganzen Länge zu durchqueren würde ein Jahr dauern, so sagt man. An der schmalsten Stelle braucht man einen Monat. Überall Berge, Sand und Täler. Nichts Essbares. Aber dies kann ich euch sagen: Nach Ablauf eines Tages und einer Nacht findet man Trinkwasser, allerdings nicht genügend für ganz große Karawanen, doch ausreichend für fünfzig bis hundert Menschen mit ihren Tieren. Durch die ganze Wüste hindurch gibt es im Abstand von einem Tag und einer Nacht Wasserstellen. Ihr müsst zwar wissen, dass drei oder vier brackig und salzig sind, doch die andern sind gut; im Ganzen sind es ungefähr achtundzwanzig. Weil in der Wüste nichts wächst, leben da keine Tiere, keine Vögel.«

Marco Polo, *Il Milione. Die Wunder der Welt*, 1298.

Von Jiayuguan nach Dunhuang: der Gansu-Korridor

Seite 120/121
Die Mingsha-Dünen bei Dunhuang. Die Durchquerung der Taklamakan war für die Karawanenhändler die letzte schwere Prüfung, bevor sie China erreichten.

Oben
Vor den Toren der Taklamakan-Wüste markiert das Fort Jiayuguan das westliche Ende der Großen Mauer.

 Bereits im 1. Jahrhundert markiert das Fort Jiayuguan die Westgrenze des Kaiserreichs China. Es beherbergt eine Garnison und eine Zollstation, wo hinter Mauern und pagodenförmigen Wachtürmen die ausländischen Händler auf die Genehmigung warten, China zu betreten oder zu verlassen. Dahinter erstreckt sich die Wüste und von einer Seite zur anderen die Gebirge und Steppen. Taklamakan bedeutet auf Uigurisch »Begib dich hinein, und du kommst nie wieder heraus«. Die Durchquerung dieser 1000 mal 400 Kilometer großen Wüste ist für die Karawaniers ein gefürchtetes Unterfangen. Im Sommer erreicht die Temperatur am Boden mittags 80 Grad Celsius bei einem Tagesdurchschnitt von 55 Grad. Im Winter können die Temperaturen unter minus 30 Grad fallen. Aber was die Reisenden vor allem fürchten, sind die Sandstürme, die in ganz Zentralasien häufig vorkommen. Früher nutzten die Räuber sie aus, um Dörfer und Karawanen anzugreifen und sich Sklaven zu beschaffen, die auf den Märkten von Buchara und Chiwa verkauft wurden.

»Graugelbe Sandhosen stürmten in wilder Flucht die Dünen hinauf und machtlos auf der Leeseite wieder hinunter. Ich lag in meine Pelze gehüllt […] und war am Morgen im Sand buchstäblich begraben. Mitten am Tage wurde es oft stockfinster. Wenn uns der Sturm gerade ins Gesicht wehte, mussten wir stehen bleiben, um nicht zu ersticken. Wir kauerten uns dann nieder und bargen die Gesichter hinter einem der Kamele.«

Sven Hedin, *Durch Asiens Wüsten, 1894–1897*, 1955.

Noch heute dauert es manchmal mehrere Tage, bis nach einem Sturm die Verkehrswege freigelegt sind und wieder ein normales Leben beginnt.

Die Straße Nummer 312 ist an die Stelle der alten Karawanenroute getreten, aber die Waren sind nach wie vor unterwegs. Die holprige Fahrbahn ist stets mit überladenen Lastwagen vollgestopft, die durch die Wüste rasen. Stellenweise ist die Strecke so gerade, dass man die Fahrzeuge aus mehr als zehn Kilometer Entfernung erkennen kann. Zuweilen tauchen ein paar Felder, Schaf- oder Kamelherden zwischen den Sanddünen auf; sie weisen auf einen von Bäumen umgebenen Weiler hin, in dem Esel Karren umherziehen. Hier und da gibt eine Raststätte – eine moderne Karawanserei – den Fahrern die Möglichkeit, etwas Atem zu schöpfen und dabei ein kühles Bier oder einen heißen Tee zu schlürfen, vor allem aber die unvermeidlichen kleinen Reparaturen am Fahrzeug auszuführen. Denn die meisten Lastwagen haben ihre Jugend längst hinter sich, schnaufen, laufen heiß und spucken. Fast ständig muss man Öl und Wasser nachfüllen, den Motor abkühlen oder einen Reifen flicken.

»Zu viel Wind und zu wenig Regen.

Zu viel Sand und zu wenig Gras.

Zu viele Steine und zu wenig Erde.«

Uigurische Volksweisheit über die Taklamakan

Oben
Der Entdecker Sven Hedin im Kreis seiner Führer und Karawaniers

Links
Die verheerenden Sandstürme waren die größte Gefahr, die den Karawanen auf dem Weg durch die Wüste auflauerte.

Dunhuang: ein buddhistisches Heiligtum an der Seidenstraße

Seite 124
In die Felswände des Maijishan in Gansu sind Buddhas gehauen.

Oben
Die Stadt Subashi bei Kucha war jahrhundertelang ein bedeutendes künstlerisches und kulturelles Zentrum an der Seidenstraße.

Die Wüste bei Dunhuang ist, wie man sich eine Wüste vorstellt: mit langen geschwungenen Kämmen, Klüften und Wechten, die bis zum Horizont reichen, mit Geschichten und Legenden, sagenumwobenen Helden und kühnen Entdeckern. Marco Polo glaubte hier Musik oder Waffenlärm zu hören, denn wenn der Wind den Sand ins Rollen bringt, klingt es wie Trommelwirbel oder ferner Donner. Ein Stück abseits der heutigen Straße liegt die Stadt Dunhuang, die jahrhundertelang ein wichtiger Zwischenstopp für die Karawanen war. Am Ende der Straße, die von hohen Pappeln gesäumt wird, begrenzen die Dünen den Horizont der großen Oase.

Seite 126/127
Das Fort Dunhuang vor den Toren
Chinas, am Rand der Wüste:
Karawaniers und Händler warte-
ten hier auf die Genehmigung,
China zu betreten.

Der durch den Handel entstandene Wohlstand ermöglichte es den Bewohnern Dun-
huangs, Kultstätten zu errichten: Einige
Kilometer von der Stadt entfernt sind die
Mogao-Grotten in die Felswand geschlagen,
die sich über fast zwei Kilometer erstrecken
und reich mit buddhistischen Wandbildern
und Statuen verziert sind. Tausend Jahre lang
ließen Pilger und Händler diese Grotten
in den Fels hauen und schmücken, um
sich eine friedliche Reise zu sichern.
Man durchläuft die Jahrhunderte,
wenn man die Kunstwerke mit ihrer
beeindruckenden Ästhetik und Frische betrachtet, auf denen sich
behäbige Spender und reich ge-
schmückte Götter, Musikanten
und Apsaras erkennen lassen.

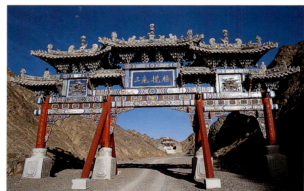

Nach den Mongoleneinfällen des 14. Jahrhunderts und der Ankunft der Uiguren und
ihrer Bekehrung zum Islam wurden die
Grotten vernachlässigt beziehungsweise verwüstet. Erst Anfang des 20. Jahrhunderts
begann man sich wieder für sie zu interessie-
ren. Unter Archäologen und Schatzsuchern
gingen damals Gerüchte von riesigen Städten um, die im Wüstensand begraben lägen.

DIE VERSUNKENEN STÄDTE DER WÜSTE

Oben
Dieses Tor markiert den Pilger-
weg, den der berühmte buddhistische Mönch Xuan Zhang
beschritt.

Seite 130/131
Ein Karawanier in der Taklamakan. Bei der Überquerung der
Dünen ist bei jedem Schritt
besondere Anstrengung
erforderlich.

*»Die Idee zu einer archäologischen
Arbeit in Xinjiang kam mir infolge
von Antiquitätenkäufen aus dieser
Region. Bei genauer Untersuchung erwies sich,
dass sie einen buddhistischen Text enthielten,
der in einer paläoindischen Sprache und
Schrift abgefasst war. Sie wurden schnell als
die älteste damals bekannte indische Handschrift anerkannt, aus den ersten Jahrhunderten
unserer Zeitrechnung.«*

Aurel Stein, *Serindia*, 1921.

Der britische Archäologe Aurel Stein betrat als
Erster die berühmte »Handschriftengrotte« von
Dunhuang, wo unter der Obhut des buddhisti-
schen Mönchs Wang ein riesiges Archiv über
Zentralasien, Tibet und China schlummerte.
Die verborgene Bibliothek enthielt mehr als
50 000 Texte zu sehr vielfältigen Themen: Religion,
Geschichte, Wissenschaften, Sitten und Gebräu-
che, Medizin, Wirtschaft etc.
Stein untersuchte so viele Handschriften wie
möglich, die er aufs Geratewohl aus der Grotte

Rechts
Ruinen buddhistischer
Bauwerke bei Dunhuang

mitnahm. Dabei fand er Texte auf Chinesisch, Uigurisch, Sogdisch, Tibetisch, Sanskrit und weitere in ihm unbekannten Sprachen. Außerdem stieß er auf heilige Bücher der Manichäer, Nestorianer und Buddhisten, darunter das aus dem Jahr 868 stammende »Diamant-Sutra« – das als das älteste gedruckte Buch der Welt gilt.

Bei der Öffnung der Gräber in der antiken Stadt Loulan in der Wüste Lop Nor entdeckte man den Reichtum und die Vielfalt der Seidenstoffe, die auf dieser Straße gehandelt wurden:

> *»Darunter fanden sich wundervolle bunte Seidenstoffe, Überreste mehrfarbig gemusterter Stoffe, Damasttücher, Tapisserien und Seidenstickerei sowie Überreste prächtiger Teppiche, daneben unzählige Stoffe aus gröberem Material, Wolle und Filz …«*
>
> **Aurel Stein**, *Serindia*, 1921.

Aufgrund von Klimaveränderungen wurden diese Städte, die in den ersten Jahrhunderten unserer Zeitrechnung sehr wohlhabend waren, nach und nach verlassen, vom Sand bedeckt und an die Ränder der Wüste versetzt. Die Gletscher des Kunlun-Gebirges führten nicht mehr genug Wasser, um die Flüsse zu speisen, und diese versickerten im Sand, bevor sie die Oasen erreichten.

Der Deutsche Albert von Le Coq und später der Franzose Paul Pelliot nahmen ebenso wie Aurel Stein auf Kamelen Hunderte von Kisten mit Wandmalereien und Dokumenten mit, die China bis heute zurückfordert.

Ironie der Geschichte: Nachdem sie jahrhundertelang im Sand der Taklamakan geschlummert hatten, wurden einige dieser kostbaren Fundstücke bei der Bombardierung Berlins im Zweiten Weltkrieg vollständig zerstört.

Im 19. Jahrhundert hauchte eine Reihe von Entdeckern, die sich in der Taklamakan auf die Suche nach versunkenen Städten begaben, den Wegen neues Leben ein, die man nun als »Seidenstraße« bezeichnete.

DER MANICHÄISMUS, EINE VERGESSENE RELIGION

In den Ruinen der Stadt Gaochang unweit von Turfan entdeckte der deutsche Archäologe Albert von Le Coq ein großes Wandgemälde und illuminierte manichäische Handschriften – wertvolle Zeugnisse einer Religion, die im 11. Jahrhundert verschwunden war. Von den Schriften Manis war nichts erhalten; man kannte diese Religion lange Zeit nur durch die Existenz ihrer Gegner – bis die Handschriften ans Licht kamen. Der 215 in Mesopotamien geborene Mani verbreitete seine Botschaft von Babylon bis Indien. Nach seiner Lehre stehen sich in der Schöpfung zwei entgegengesetzte Wesenheiten gegenüber, Gut und Böse, Licht und Dunkel … Um zur ursprünglichen Reinheit zurückzukehren, muss der Jünger strenge Askese halten: Kein böses Wort darf durch seinen Mund gehen, weder Fleisch noch Wein dürfen in den Körper gelangen. Seine Hände dürfen keinerlei verletzende Handlung ausführen, sexuelle Enthaltsamkeit ist Pflicht.

Mani betrachtete sich als Letzter der Propheten und als Nachfolger von Zarathustra, Buddha und Jesus. Nachdem er unter dem Schutz der persischen Könige Schapur und Hormizd gestanden hatte, wurde er von ihrem Nachfolger, einem Anhänger Zarathustras, verfolgt und 277 hingerichtet. Der Manichäismus verbreitete sich im Römischen Reich, im Mittleren Osten, in Nordafrika und Südeuropa. Im Osten gelangte er bis nach China und wurde im 8. Jahrhundert Staatsreligion der Uiguren. Als die Manichäer in der muslimischen und christlichen Welt als Ketzer verdammt wurden, flohen sie in die Oasen Zentralasiens. Dort siedelten sie bis ins 11. Jahrhundert, dann wurde ihre Religion im Westen vom Islam, im Osten vom Buddhismus verdrängt.

Das Jadetor

Zwei oder drei Tage, nachdem sie Dunhuang verlassen haben, erreichen die Karawanen Yumenguan (das Jadetor) oder Yangguan (den Sonnenpass), je nachdem, ob sie die Taklamakan-Wüste im Norden oder im Süden umgehen. Durch das Jadetor reisen die Karawanen, die dieses wertvolle Mineral von der Oase Hotan in die chinesische Hauptstadt bringen.

Hier verlässt man die Provinz Gansu und gelangt nach Xinjiang im Tarim-Becken. Chinesen, Tibeter, Uiguren und Mongolen errichten nacheinander ihre Herrschaft über die Region und stopfen ihre Taschen mit den Erlösen aus dem Handel, der dank der vorbeiziehenden Karawanen erblüht: Überall entlang der Straße entstehen blühende Oasensiedlungen, die am Rand der Taklamakan-Wüste aufgereiht sind.

»In diesem Lande fällt weder Regen noch Schnee, und die Hitze ist übermäßig. Alljährlich, in der heißesten Jahreszeit, ziehen die Bewohner sich in unterirdische Behausungen zurück. Die Häuser sind mit einer weißen Erde überzogen. Es gibt einen Fluss, der aus der Bergschlucht namens Jinling kommt; seine Wasser wurden so geleitet, dass sie [...] die Felder und Gärten bewässern.«

Wang Yande, *Bericht von einer Reise nach Gaochang*, 982.

Ganz oben
Ruinen eines befestigten Turms bei Yangguan, dem Sonnenpass und Tor Zentralasiens

Oben
Jade aus Hotan wurde von den Karawanen bis in die chinesische Hauptstadt gebracht.

133

Oben
Die von der Sonne ausgedörrten
Flammenden Berge begrenzen
die Turfan-Senke, die 80 Meter
unter dem Meeresspiegel liegt.

YUMENGUAN > **TURFAN** > KASCHGAR

Turfan: die Macht des Wasser

In der gelben und staubigen Welt der Wüste erscheinen die Gärten von Turfan wie ein Wunder des Lebens. Von hier importierte seit unerdenklichen Zeiten das kaiserliche China eine hoch geschätzte Weintraube, deren Name »Stuteneuter« bedeutet, und einen frischen Wein, den man am Hof von Xi'an genoss. Am Fuß der Flammenden Berge kann man in den Gärten des »Traubentals« bis heute diese berühmten Weintrauben kosten; außerdem werden im kühlen Schatten einer Laube Melonenscheiben angeboten. Nichts von alledem wäre möglich ohne die wertvol-

»Der, von dem die Macht kommt, entscheidet, wohin das Wasser geht.«

Uigurisches Sprichwort.

len *karez*, jene unterirdischen Kanäle, die das Wasser der Gletscher von den umliegenden Bergen bis zu den Oasen leiten. Manche *karez* sind Dutzende von Kilometern lang. Durch ein System von Zugangsstellen an der Oberfläche der Wüste können sie instandgehalten werden.

Früher hatten *mirab* genannte Verwalter die Wassermacht inne. Sie allein waren berechtigt, die Schieber des Kanalsystems zu öffnen oder zu schließen. Der Besitzer, der den Bau finanzierte, machte sich das Wasser zu eigen, das der *karez* brachte, und verkaufte es zu horrenden Preisen an die Kleinbauern weiter. Diese überhöhte Wassergebühr führte oft zur Verschuldung der Kleinbauern, die dann ihre Ländereien verloren und vom Vater bis zum Sohn gegen einen Naturalienlohn arbeiten mussten, der gerade zum Überleben genügte – eine versteckte Form der Sklaverei, für deren Fortbestand die Großgrundbesitzer sorgten.

Oben
Ohne die *karez*, ein uraltes Bewässerungssystem, das Gletscherschmelzwasser in die Oase leitet, könnte Turfan nicht existieren.

135

Oben und rechts

In Hotans Werkstätten wird bis heute Adras-Seide auf traditionelle Weise gewebt.

Links und unten
Seide und Jade sorgten früher für
den Wohlstand der Oase an der
Seidenstraße.

DUNHUANG > **HOTAN** > KASCHGAR

Hotan, Stadt der Jade und der Adras-Seide

Der große Reichtum von Hotan ist die Jade, die seit der Antike in den Flussbetten abgebaut und von den Chinesen sehr geschätzt wird. Man stellt hier auch Teppiche und die so genannte Adras-Seide her.

In einigen Werkstätten wird die Seide bis heute mit der Hand gefertigt. Unter einem Schutzdach taucht eine Frau die Kokons ins heiße Wasser, fischt geschickt eine Handvoll davon heraus und führt die Fäden zu je vieren oder fünfen zu einem nahen Spinnrad, das eine Partnerin in der richtigen Geschwindigkeit dreht – die Zusammenarbeit muss perfekt sein, damit die Fäden nicht reißen. Die Rohseidenstränge werden anschließend gefärbt und in kleinen Werkstätten gewebt. Die häufigsten Muster sind Blumen- oder Pfauenschwanz-Motive.

Seide, Jade und Teppiche finden sich auch auf dem belebten Basar. Nur mühsam kann man sich einen Weg zwischen den Karren und Passanten bahnen, die auf der Hauptstraße unterwegs sind, wo sich Wollstränge, fein ziselierte Messer, Aussteuertruhen und schillernde Stoffe häufen. Bei Anbruch der

Seidenkokons und Adras-Seide, eine Spezialität aus Hotan

SEIDE

Als leichter, glänzender, strapazierfähiger und warmer Stoff ist Seide bei den Chinesen seit mindestens 4000 Jahren bekannt; überall war sie begehrt und symbolisierte Autorität, Reichtum und Macht. Das Geheimnis, das sie umgab, erhöhte noch ihre Anziehungskraft und ihren Preis. In Zentralasien und China wurde Seide bis zum 8. Jahrhundert als Zahlungsmittel benutzt und stellte eine sichere Investition dar. Die Sogdier kauften sie bei den Chinesen und verkauften sie auf den Basaren von Samarkand und Buchara weiter.

Die Perser und später die Araber sorgten anschließend für den Transport gen Westen, wo man den kostbaren Stoff in Gold aufwog. Das Geheimnis seiner Herstellung gelangte im 5. Jahrhundert nach Zentralasien. Der Sage nach gaben es Spione an die Byzantiner weiter, indem sie Eier von Seidenspinnern in ihren Pilgerstäben schmuggelten. Anschließend gelangten Seidenraupen über Armenien und Syrien nach Spanien und Italien. Im 14. Jahrhundert brachten die Päpste Seidenraupen nach Avignon, und unter Franz I. wurde schließlich Lyon zur Seidenhauptstadt des Westens.

Nacht erhellen Lampions die Stände, an denen Fleischspieße gegrillt werden und von denen in großen Kringeln duftender Rauch aufsteigt. Man nützt die Kühle des Abends, um auf den Terrassen zu sitzen.

»In einem gepflegten Zimmer [...] empfängt uns ein sehr alter Herr, der Französisch und Englisch spricht – er hat beide Sprachen während seiner Studienzeit in Konstantinopel gelernt. Zur Zeit der bolschewistischen Revolution hat er sein ganzes, auf einer Bank in Russisch-Turkestan liegendes Geld verloren und aufs Neue angefangen zu arbeiten, indem er die Anleitung der hiesigen Teppichweber übernahm. Sein Bestreben war, die alten Traditionen fortzupflanzen, die Khotan berühmt gemacht haben.«

Ella Maillart, *Verbotene Reise*, 1937.

Seite 141
Der Basar von Hotan. Die
Schmiede der Oase Yarkand sind
für ihre traditionellen uigurischen
Messer berühmt, die auf den
Basaren von Kaschgar und Hotan
verkauft werden.

Seite 138/139
Porzellanhändler auf dem Basar
von Hotan

HOTAN > **KASCHGAR**

Kaschgar, die Seele Zentralasiens

»Die größte und schönste unter den zahlreichen Städten im Nordosten heißt Cascar. Die Einwohner leben von Handel und Gewerbe. Sie haben prächtige Gärten, sie pflegen ihre Weinreben und besitzen schöne Güter. Die Baumwollstaude wächst hier und ebenfalls Flachs und Hanf. Händler aus Cascar reisen durch die ganze Welt. Doch es ist kein gesundes, kräftiges Volk, denn es hat schlechte Ess- und Trinkgewohnheiten. Nestorianer wohnen ebenfalls hier, sie haben ihre eigene Kirche, ihr eigenes Gesetz. Etliche zum nestorianischen Christentum bekehrte Türken haben sich hier angesiedelt. In der ganzen Provinz wird eine besondere Sprache gesprochen.«

Marco Polo, *Il Milione. Die Wunder der Welt*, 1298.

Seiten 142–145
Jeden Sonntag findet in Kaschgar der größte Viehmarkt Zentralasiens statt.

Zwar ist der Fernhandel heute verschwunden, doch der Vieh-markt von Kaschgar ist noch immer ein Ort lebhaften Tausch-handels zwischen den Uiguren der Oasen und den nomadischen Viehzüchtern der Umgebung.

Oben

Uiguren, Kasachen und Kirgisen:
Sie alle strömen hier zusammen,
um Pferde, Schafe, Esel, Ziegen
und Kamele zu kaufen und zu
verkaufen. Hier lernen die Kinder
reiten, sobald sie laufen können.

Zwischen Hotan und Kaschgar erstreckt
sich eine fast durchgehende Reihe von
Oasen, die von kleinen Wüstenabschnitten
unterbrochen wird. Kaschgar ist die Seele
des chinesischen Turkestan und der Zu-
gang zu den Hochstraßen, die am Fuß des
»Dachs der Welt« nach Zentralasien und
Indien führen. Als unumgängliche Zwischenstation an der Karawanenstraße ist
die Stadt über 2000 Jahre alt.
Zwar ist sie heute des Fernhandels beraubt,
fungiert jedoch weiterhin als Ort eines lebhaf-

ten Tauschhandels zwischen den Nomaden der
Hochtäler und den Bauern der Oasen.
Sonntags ist in Kaschgar Markttag: Sobald
der Tag anbricht, kommen Tausende von
Bauern mit ihrem Vieh an. Schafe, Esel,
Kühe und Ziegen werden im Halbkreis oder
in zwei Reihen gegenüber angebunden. Alle
Schafe werden sorgfältig geschoren, bevor
sie verkauft werden. Die Esel werden an den
Hufen, am Hals und am Gebiss genau unter-
sucht; die Pferde sind groß, wild und haben
edle Köpfe. Kleine Jungen beweisen ihr Kön-

nen, indem sie die Tiere vor den Augen der Käufer ohne Sattel reiten. Ein ganzer Bereich ist den Sattlern vorbehalten, die Halfter, Sättel und Geschirre herstellen. Auf dem Basar sind Handwerker und Händler in Vierteln gruppiert. Die Schmiede bringen Wannen, Schöpflöffel und Wasserkessel in Form. Tischler drehen Kerzenständer, Werkzeuge zum Kardieren, Betten, Wiegen und Kreisel für die Kinder. Bei den Buchhändlern sind die winzigen Vitrinen voll von Koranen mit reichen Goldverzierungen. Der Stoffbasar

quillt über von buntem Brokat und Bettdecken, im Licht der Lampen schimmern Seidentücher. Die Teppiche, für deren Verkauf die längsten Verhandlungen nötig sind, liegen dicht neben einer Fülle von Stoffen, die am laufenden Meter verkauft werden. Eine ganze Straße gehört den Verkäufern von Schaschliks, die sich um die Grills und Öfen herum zu schaffen machen. Die Köche bieten riesige Töpfe mit Reis an, ein ganzes Sortiment von knusprigem Brot und Eintöpfe mit Hammelköpfen, die die Zähne zeigen.

Fleischspieße, zu denen man grünen Tee und *nan* serviert, ein köstliches ungesäuertes Brot **(ganz oben links)**, sind auf den Basaren Zentralasiens das gängigste Menü. Man findet hier auch *momo*, im Dampf gegarte Teigtaschen **(ganz oben rechts)**.

Ganz oben
Verkäufer von Koranen und religiösen Texten **(links)**. Traditionelle
uigurische Sättel **(rechts)**.

Oben
Teppich- und Stoffläden

Seite 149
Ganz oben
Barbiere auf dem Marktplatz

Unten links
Granatapfelsaft-Verkäufer

Unten rechts
Sonntags strömen in ihren Karren
die Bauern aus der Umgebung
nach Kaschgar.

»Der Kamelhandel wird lediglich durch
Makler vermittelt, denn Käufer und Verkäufer unterhandeln nie unmittelbar. Die Mittels-
personen bieten, dingen ab, legen zu, machen
das Geschäft.

Diese ›Besprecher des Verkaufs‹ sind ausschließlich Kamelmakler und gehen von einem
Markt zum andern. Sie verstehen ihre Sache
sehr gut, sind äußerst zungenfertig und
gewandt, und nichts geht über ihre pfiffige
Verschmitztheit. Sobald es sich um die Fest-

stellung des Preises handelt, werden sie stumm;
denn von nun an wird das Geschäft nur durch
Zeichen weitergeführt […]. Nach abgemachtem
Handel speisen die Makler beider Teile auf
Kosten des Käufers und nehmen dann ihre
Gebühr von soundsoviel Sapeken in Empfang.«

Régis Evariste Huc, *Reise durch die Mongolei*
nach Tibet und China 1844–1846.

USBEKISTAN

KIRGISTAN

Tarim

TAKLAMAKAN

Yarkand

KUNLUN SHAN

TADSCHIKISTAN

TIBET

GANGDISE SHAN

Gilgit

Balkh

Leh

Srinagar

Kabul

Peschawar

Zah Zangb

AFGHANISTAN

Delhi

INDIEN

Indus

PAKISTAN

DIE STRASSEN DURCH INDIEN UND TIBET

»Es ist noch gefährlicher, diese Berge hinab- als hinaufzufahren. Die Pfade, die sich am Rand von Abgründen, deren Boden man nicht sehen kann, zwischen den Felsen dahinschlängeln, sind schmal, überfroren und rutschig. Die Kamele straucheln, drohen ständig das Gleichgewicht zu verlieren, ihre Last weggleiten zu lassen und in den Abgrund zu kippen. Die Karawaniers müssen das Unmögliche tun, um das Ganze zu retten, manchmal unter Gefährdung ihres eigenen Lebens. Dieser Abstieg dauert vierzig Tage, während derer die Reisenden Schritt für Schritt vorwärtsgehen, dabei auf dem Geröll ausrutschen, Gebirgsbäche in Furten durchqueren, immer unter dem Blick von Bergbewohnern, die Götzen anbeten, wild und böse sind.«

Bericht eines Karawaniers, chinesische Handschrift aus Dunhuang, 850.

Die Hochtäler des Pamir

Hinter Kaschgar müssen die Karawanen auf gefährlichen Pässen mit 3000 und 4000 Meter Höhe das Geflecht aus hohen Gebirgsbarrieren überwinden, das den Rand der Wüste abriegelt. Trotz der schwierigen Bedingungen herrscht auf den Handels- und Transportwegen über die mächtigen Berge seit der Antike reger Verkehr: Seide, Gold, Silber, Elfenbein, Edelsteine, Moschus, Parfum, Gewürze und Waffen überqueren die Pässe des Pamir und des Karakorum. Auch heute noch ist die Überquerung der Hochstraßen, die Kaschgar mit dem übrigen Zentralasien verbinden, für die Lastwagenfahrer alles andere als ein Sonntagsspaziergang. Im Winter sind die Straßen unbefahrbar; im Sommer muss man ständig mit Steinschlag, Erdrutschen und Überschwemmungen rechnen.

Seite 152/153
Der Karakul-See am Fuß der Gipfel des Mustagh Ata und des Kongur

Rechts
Eine Karawane quert einen Wasserlauf im Pamir-Gebirge. Tadschiken und Kirgisen dienen auf diesen Strecken, die sie als Einzige genau kennen, als Führer und liefern die Lasttiere.

Tadschiken und Kirgisen

Oben
Ein kirgisischer Friedhof am Fuß
des Kongur-Massivs im chinesischen Pamir

Seite 157
Tadschikische Mädchen im
Weidedorf Tschitschiklik

In den Hochtälern des Pamir
leben rund 40 000 tadschikische
Viehzüchter. Sie sind iranischer
Abstammung, sprechen eine dem Persischen
nahestehende Sprache und gehören der
ismailitischen Religion an, einem Zweig des
schiitischen Islam, dessen geistliches Oberhaupt der Aga Khan ist.

Die Tadschiken leben von Ackerbau und
Viehzucht in Dörfern aus Stein- und Lehm-
häusern in Höhen zwischen 2000 und
3000 Metern. Hier ist der landwirtschaft-
liche Ertrag gering, und sobald der Sommer
kommt, führen sie ihre Schaf-, Ziegen- und
Yakherden auf die Hochweiden, um sie zu
mästen und einen Vorrat an Butter und Käse
anzulegen.

Ab dem 19. Jahrhundert fand eine große
Zahl kirgisischer Stämme in diesen Tälern
Zuflucht. Eine erste Welle floh vor der russischen Kolonisierung, eine zweite vor der
sowjetischen Kollektivierung. Die kirgisischen Nomaden wandern heute auf den
Weideplätzen um den K 2, den Mustagh Ata

Oben
Käse ist nach wie vor Hauptnahrungsmittel der tadschikischen und kirgisischen Viehzüchter.

und den Kongur entlang der ganzen Grenze zu Tadschikistan und Pakistan. Die russischen und später die chinesischen Kommunisten sahen im Nomadentum stets eine primitive Lebensweise, die mit ihrer neuen Welt unvereinbar war. Die folgende Zwangskollektivierung war ein tiefer Einschnitt in das traditionelle Leben der Nomaden; inzwischen gilt die nomadische Lebensweise jedoch wieder als jene, die am besten an die

Gebirgs- und Wüstenregionen angepasst ist. Die Kirgisen wandern heute nur noch über kurze Strecken, bleiben aber zumindest teilweise der Familienjurte treu. Jede Sippe wird von einem Oberhaupt angeführt, das wegen seiner persönlichen Verdienste von der Gruppe ausgewählt wird. Sie bilden eine patriarchale Gesellschaft, die auf ihre türkischen und nomadischen Wurzeln stolz ist und der Natur noch immer sehr nahesteht.

»Frühling und Sommer sind eine Zeit der Fröhlichkeit und des Überflusses. Die während des Winters abgemagerten Herden werden sehr schnell wieder kräftig; der Kirgise genießt die Wärme, besucht die benachbarten Lager, isst und trinkt sich satt. Aber wenn der Winter naht, wird sein Stand schwer, und man muss abgehärtet sein, um ihn ertragen zu können. Der Frost geht manchmal bis minus 30 Grad, dann muss man einen geschützten Ort suchen, der den Wind abhält, alle leiden unter der Kälte und oft auch unter Hunger.«

Bronislaw Zaleski, *La vie des steppes kirghizes, descriptions, récits et contes*, 1865.

Oben links
Durch den Verkauf der Wolle von Schafen und Ziegen können sich die Viehzüchter ein wenig Geld verschaffen.

Oben rechts
Eine Kirgisenfamilie auf dem Weg zu den Sommerweiden

Links
In der Familienjurte

TASCHKURGAN > **GILGIT** > AFGHANISTAN

Durch den Karakorum und den Hindukusch

Oben
Karawane im Karakorum

Seite 161, oben
Der Gipfel des K2, der höchste
des Karakorum-Gebirges

Tadschiken und Kirgisen benutzen bis heute Yak- und Kamelkarawanen für ihre Wanderungen. Sie lieferten früher die Lasttiere und führten auf Strecken, die sie als Einzige genau kannten, die Karawanen an. Über den Mintaka-Pass erreicht man das pakistanische Hunza-Tal, das zwischen steilen, nahezu 8000 Meter hohen Felsgiganten liegt. Einst fürchteten die Karawanen den Weg durch das Hunza-Tal: Die Mir aus Baltit erhoben hohe Steuern auf die Waren, und Räuber plünderten die Karawanen und nahmen die Reisenden gefangen, um sie auf den Märkten von Buchara und Chiwa als Sklaven zu verkaufen.

Heute führt der Karakorum-Highway, der in den 1980er Jahren über den fast 5000 Meter hohen Khunjerab-Pass gebaut wurde, durch das Hunza-Tal. 15 Jahre dauerten die Arbeiten an diesem gigantischen Bauprojekt; 500 Arbeiter ließen dabei ihr Leben. Pakistanische Lastwagen mit ihren aufwendigen Verzierungen liefern den Bewohnern des Tals heute Werkzeuge und andere Waren aus China, die gegen Aprikosen und Textilien aus Kaschmirwolle eingetauscht werden.

Waren die Karawanen wohlbehalten in Gilgit angekommen, zogen sie durch das Indus-Tal nach Indien oder über den Khaiberpass nach Afghanistan weiter.

Raststätte in Taschkurgan, der letzten chinesischen Ortschaft vor der pakistanischen Grenze

»Unsere Karawane befördert Baumwoll- und Seidenstoffe, die sie in Gilgit in Kaschmir verkaufen wird. Sie hat auch das Futter bei sich, das die Tiere brauchen, denn Weideflächen sind selten. Sie wird Gewürze, Zucker, Tee und Metallwaren zurückbringen. Bis heute ist die Karawane das einzige Transportmittel zwischen Westchina und Indien. Die Karawaniers unterbrechen ihre Arbeit nicht, und die Unsrigen machen die Reise viermal im Jahr. Sie sind also praktisch die ganze Zeit unterwegs.«

Anne Philipe, *Caravanes d'Asie (du Sing-Kiang au Cachemire)*, 1955.

ANNE PHILIPE

1949, mitten im Bürgerkrieg zwischen Nationalisten und Kommunisten, durchquerte Anne Philipe China von Ost nach West und überschritt den Karakorum nach Pakistan. Sie begleitete eine der letzten großen Handelskarawanen zwischen China und Indien, die von Adbul Wahid Radhu angeführt wurde, einem großen Karawanier aus Kaschmir.

Links

Eine Karawane auf dem Torbulung-Pass im chinesischen Pamir

Weiter nördlich transportierten die Karawanen durch den Wakhan-Korridor – ein afghanisches Tal, das zwischen Tadschikistan und Pakistan eingezwängt liegt – Häute, Leder und Edelsteine zum Tausch gegen Seide und Porzellan nach China. Wenn man die Hochgebirgspässe des Hindukusch überquert hatte, gelangte man nach Badakhshan, das für seine Lapislazulivorkommen berühmt war, oder nach Baktrien im Norden des heutigen Afghanistan. Baktra (heute Balkh bei Mazar-i-Sharif) war eine der größten Städte der Welt, bis Dschingis Khan sie 1220 verwüstete. Marco Polo, der die Stadt Ende des 13. Jahrhunderts besuchte, fand »zahlreiche schöne Paläste und schöne Marmorhäuser zerstört und in Ruinen«. Ein Stück weiter südlich waren die großen Buddha-Statuen von Bamiyan, die mittlerweile von den Taliban zerstört wurden, bei den chinesischen Buddhisten bekannt und bewundert. Bamiyan war ein bedeutendes Zentrum für Religion und Philosophie; auf diesem Weg gelangte der Buddhismus von Indien nach China. Als imposante Zeugen der griechisch-buddhistischen Kunst, die in Gandhara entstanden war, hatten die Statuen rund 1500 Jahre über das Tal gewacht.

Seite 164
Eine der beiden großen Buddha-Statuen von Bamiyan, die 2001 von den Taliban zerstört wurden. Auf diesen alten Karawanenstraßen gelangte der Buddhismus nach China und Tibet.

Unten
Buddhistische Mönche im Kloster Lingshet in Ladakh

Ladakh – vor den Toren Westtibets

Von Kaschgar ziehen die Karawanen, die auf dem Weg nach Ladakh oder Klein-Tibet sind, über die Oasen Yarkand und Kargil, bevor sie sich an den sehr heiklen, wüstenhaften und fast 6000 Meter hoch gelegenen Karakorum-Pass wagen. Dahinter gelangt man durch das Nubra-Tal nach Ladakh. Jahrhundertelang ist seine Hauptstadt Leh einer der großen Kreuzungspunkte Asiens; man trifft dort auf Händler aus Xinjiang, Pakistan, Afghanistan, Buchara und sogar aus Sibirien. Der Handel mit Paschmina- und Shahtoosh-Wolle, die hauptsächlich aus Tibet und Ladakh kommt und aus der man Kaschmirschals herstellt, ist die Spezialität von Leh, das lange Zeit das Monopol über diesen Handel innehat.

Alle zwei Jahre bricht eine Karawane von Leh nach Lhasa auf, um dem Dalai-Lama den Tribut der Könige von Ladakh und Kaschmir zu entrichten. Die Reise dauert hin und zurück sechs bis acht Monate; der Tribut umfasst Gold, Safran, Schals, Stoffe, getrocknete Aprikosen und Kandiszucker. Händler aus Kaschmir haben sich in Lhasa niedergelassen. Sie bringen Brokat und Seide aus Xinjiang nach Tibet, aber auch indische Erzeugnisse: Korallen, Perlen, Baumwolle und Färbemittel.

»Was die Natur betrifft, so konnte sie von einer unglaublichen Härte sein. Unsere Leute hatten hier einige schmerzliche
Erfahrungen gemacht, etwa diejenige, die 1932 zu einer
echten Katastrophe wurde. In jenem Jahr kam es zu Schnee-
fällen, wie man sie seit Menschengedenken nicht erlebt hatte.
In Begleitung eines Onkels und dreier Cousins war mein Vater

mit einer warenbeladenen Karawane aufgebrochen. Sie stießen auf eine so tiefe Schneeschicht, dass die Tiere unbeweglich festsaßen und alle bis zum Letzten zugrunde gingen. Durch eine fast unglaubliche Heldentat retteten die Karawaniers ihr Leben, aber sie hatten ihre ganze Ladung verloren.«

Abdul Wahid Radhu, *Caravane tibétaine*, 1991.

Seite 166/167

Von Kaschgar aus erreicht man Ladakh über wüstenhafte Hochgebirgspässe, die sich bis auf 6000 Meter hinaufwinden.

Seite 168/169

Die Überquerung der Hochgebirgspässe der Seidenstraße stellt Mensch und Tier vor fast unüberwindliche Schwierigkeiten.

Ganz oben
Fest im Zanskari-Dorf Photaksar.
Einige Frauen tragen den *peirac*,
den Kopfschmuck, der das Fami-
lienvermögen darstellt.

Oben
Leh, die Hauptstadt von Ladakh,
war früher ein wichtiges Handels-
zentrum zwischen Kaschmir und
Tibet.

Seite 171
Ladakhi-Familie an ihrem Fenster

Seite 172/173
Tibetischer Pilger am Kailash

Tibet exportiert Moschus, Borax, Gold,
Wolle, Salz und Yakschwänze, die in der
hinduistischen Liturgie verwendet werden.
Südlich von Lhasa geht die Handelsstraße
weiter nach Gyantse und dann durch das
Chumbi-Tal und Sikkim, wo Darjeeling und
Kalimpong wichtige Zwischenstationen sind,
nach Kalkutta. Nach der chinesischen Invasion Tibets wird die Straßenverbindung zwischen Kaschmir und Zentralasien geschlos-
sen; dies setzt dem Wohlstand Ladakhs ein

Ende. Die meisten Händler sind ruiniert
und wandern nach Indien und Kaschmir
aus. Heute ziehen auf dieser sagenumwobenen Strecke Tausende von Pilgern dahin,
die sich zum Kailash und nach Lhasa begeben, den heiligen Stätten des tibetischen
Buddhismus. In Lhasa drängen sich jeden
Morgen die Menschen auf dem Barkhor,
dem wirtschaftlichen und religiösen Zentrum der Stadt: Seit jeher begegneten sich
hier Pilger und Händler aus ganz Asien.

MOSCHUS

Diese stark riechende Substanz wird aus den Drüsen des Moschushirsches gewonnen, der im Himalaja und in Sibirien lebt. Die Drüsen enthalten zehn bis zwanzig Gramm eines gelblichen, bitter schmeckenden Sekrets mit sehr starkem Geruch. Für den Verkauf wog man die Drüse im Ganzen und zerschnitt sie nicht, um den Moschus nicht zu verderben.

Die Nachfrage nach Moschus war im muslimischen Asien während des Mittelalters sehr groß, alle Kräuterhändler, Drogisten und Apotheker verkauften ihn, ebenso wie Kampfer, Sandelholzöl und Ambra. Die Ärzte verschrieben ihn als Aphrodisiakum oder zur Anregung des Kreislaufs. In der Parfumherstellung mischte man ihn bevorzugt mit Jasminöl oder Rosenwasser. Al-Kindi nennt in seinem *Buch über die Chemie des Parfums und die Destillationen* rund ein Dutzend Rezepte zur Herstellung von Parfums auf Moschusbasis.

»Was Moschus betrifft, so exportieren ihn die Tibeter in großen Mengen nach China, er wird dort vor allem zur Herstellung der zusammenziehenden und wärmenden Medikamente und der Räuchertabletten verwendet, die man vor den Götterbildern verbrennt.«

Père Desgodins, *Exposé sommaire de la mission du Thibet*, 1879.

Oben
Der Dal Lake bei Srinagar

LEH > **SRINAGAR** > DELHI

Durch Kaschmir und Indien

Beim Überqueren des Zoji-La-Passes, der die Grenze zwischen Ladakh und Kaschmir bildet, verlässt man schlagartig die wüstenhaften, kahlen Landschaften Hochasiens und gelangt in die Nadelwälder, die den indischen Subkontinent ankündigen. Als Land des Überflusses zieht Kaschmir seit jeher Intellektuelle und Künstler an; Srinagar wird nach und nach ein berühmtes religiöses Studienzentrum für den Buddhismus und den Islam. Kaschmiri-Kontore findet man in allen großen Städten Indiens und Zentralasiens.

Nachdem die Waren einen Teil Indiens durchquert haben, kommen sie in die Häfen von Barigaza und Barbaricum an der Coromandel-Küste, von wo aus die mit Stoffen und Gewürzen, Perlen und Edelsteinen beladenen Schiffe zur Straße von Hormus und nach Arabien aufbrechen.

Ganz oben
Eine Kaschmiri-Familie wartet in
Kargil auf den Bus.

Oben
Verkäufer von indischen Baum-
wollstoffen

Links
Konditorei in Kargil

Eine Baumwollmanufaktur. Über Kaschmir erreichten die indischen Stoffe die Seidenstraße.

DIE SCHALS AUS KASCHMIR

Kaschmirschals

Die Paschminawolle stammt von einer kleinen Bergziegenart, die in Tibet, im Himalaja und in der Mongolei gezüchtet wird. Durch ihre Struktur, Feinheit und Isolierfähigkeit ist sie von außergewöhnlicher Qualität. Seit Jahrhunderten fertigen die Weber in Kaschmir und in den nordindischen Hochgebirgstälern aus Paschmina- und Kaschmirwolle Schals, deren Ruhm in der ganzen Welt verbreitet ist. François Bernier – 1664 einer der ersten Europäer, der Kaschmir besuchte – staunte über die Feinheit und Weichheit der Wollstoffe, die seit Langem Gegenstand eines umfangreichen Handels waren. Ein Zeichner entwarf das Modell für den Schal; die Weber benutzten einen waagerechten Webstuhl, der von zwei oder drei Männern bedient wurde. Für einen durchschnittlichen Schal mit 1,20 Meter Breite musste man 2000 bis 3000 Fäden rechnen. Um die Widerstandsfähigkeit der Kettfäden zu erhöhen, befeuchtete man sie mit Reismehl, damit sie nicht ausfransten. Danach musste man die Schals mit klarem Wasser auswaschen und walken, um sie weich zu machen, bevor man sie im Schatten trocknen ließ. Diese Webtechnik war sehr zeitaufwendig. An einem normalen Schal mussten zwei Männer 18 Monate lang arbeiten, bei bestimmten Schals dauerte die Herstellung drei Jahre. Traditionell waren die Kanten der Schals mit einem Rand aus blühenden Pflanzen oder meist Palmen verziert. Man wob auch Schals mit Streifen oder Rosetten für die türkischen und persischen Märkte. François Bernier wurde während seiner Reise in Delhi empfangen, der Hauptstadt des indischen Großmoguls Aurangzeb, und nahm an einem Empfang für den persischen Abgesandten teil. Seine Beschreibung vermittelt einen Eindruck vom höfischen Prunk zur damaligen Zeit:

»Er ließ sich eine Weste aus Brokat mit einem Band und einer Schärpe oder einem Gürtel aus Seide mit Gold- und Silberstickerei bringen, die er ihm in seiner Gegenwart anlegen ließ. Einen Augenblick später gab man ihm zu verstehen, dass er sein Geschenk kommen lassen könnte, das aus 25 Pferden bestand, die so schön waren, wie man sie nie gesehen hat. Danach entrollte man fünf oder sechs Teppiche, die sehr schön und von außerordentlicher Größe waren, und dann einige Stücke Brokat, die sehr prächtig und von einem so feinen und zarten Blümchenmuster waren, dass ich nicht weiß, ob man in Europa ähnliche finden kann.«

François Bernier, *Voyage dans les États du grand Moghol, 1670–1671*, 1981.

Chintz, Detail

CHINTZ

Unter der großen Vielfalt von Stoffen, die in Indien hergestellt wurden, waren Baumwolltuche mit Mustern, die man entweder mit einem Pinsel auftrug oder mittels geschnitzter Holzblöcke bedruckte, besonders begehrt. Die Stoffe kamen vor allem aus Gujarat, Rajasthan und von der südöstlichen Coromandel-Küste. Der Ruhm dieser Stoffe, die man bald auf der ganzen Welt »Chintz« nannte, gründete auf dem einzigartigen Färbeverfahren – eine Tradition, die in Indien bis heute fortlebt. Zwar gibt es in Rajasthan auch heute noch Blockdruck-Manufakturen, aber meist sind chemische Farbstoffe an die Stelle der natürlichen Farbstoffe getreten.

Der Chintz kam über den Persischen Golf oder das Rote Meer nach Syrien und in die Türkei – oder auch mit den Karawanen, die auf der Seidenstraße reisten, bevor die Handelsgesellschaften der Kolonialzeit sich diesen fruchtbaren Handel zu eigen machten.

In Europa wurde Chintz zuerst für Bezüge von Luxusmöbeln verwendet, später auch zu Kleidern und Morgenmänteln zugeschnitten, die sich im 18. Jahrhundert großer Beliebtheit erfreuten.

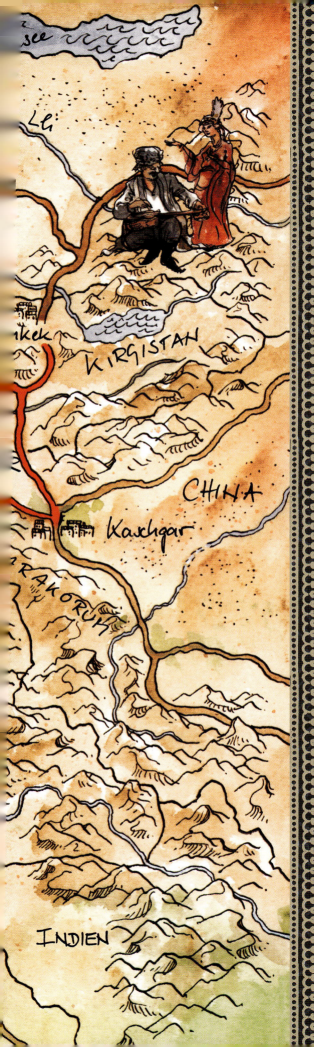

DIE GOLD-STRASSE NACH SAMARKAND

»Auch ist diese Stadt mit Handelswaren aller Art reich versehen, die aus allen Gegenden herangebracht werden; aus Russland und der Tartarei kommen Häute und Leinen; aus China Seidentuche, die die schönsten sind, die auf der ganzen Welt hergestellt werden […]. Auch kommen von dort Moschus […] und Diamanten […] und Tropfenperlen und Rhabarber und viele andere Spezereien. Aus Indien kommen in diese Stadt die kleineren Gewürze, die deren größtes Glück ausmachen, wie Muskatnüsse, Nelken, Muskatblüte, Zimtblüten, Ingwer, Zimt und Sago und andere Spezereien.«

Ruy Gonzales de Clavijo, *Clavijos Reise nach Samarkand 1403–1406*.

Seite 180/181
Die Karawanserei Tash Rabat in Kirgistan, die letzte große Zwischenstation vor dem Pass nach China

Rechts
Junger kirgisischer Reiter

Unten
Kasachische Familie im chinesischen Ili-Tal

Unten rechts
Das Tianshan-Gebirge an der Grenze zwischen China und Zentralasien

KASCHGAR > **OSCH** > SAMARKAND

Durch die Himmlischen Berge

 Durch das Ili-Tal oder über die Pässe des Tianshan, der Himmlischen Berge nordwestlich von Xinjiang, kommen die Karawanen von China nach Zentralasien. Unterhalb des Torugart-Passes an der kirgisischen Grenze liegt tief in einem einsamen Tal die Karawanserei Tash Rabat. Das nüchterne, von Schnee und Eis umgebene Gebäude war zuerst ein nestorianisches Kloster, wahrscheinlich eines der abgelegensten der christlichen Welt, und wurde erst später in eine Herberge umgewandelt. Nach dem schwierigen Weg über die Berge erreichen die Karawanen durch das Ferghana-Tal die Oase Kokand und schließlich Samarkand.

DIE NESTORIANER, CHRISTEN DES OSTENS

Ende des 3. Jahrhunderts hatte das Christentum in Kleinasien und Ägypten Fuß gefasst; im 4. Jahrhundert erreichte es den Westen. Nachdem es Staatsreligion des Byzantinischen Reichs geworden war, begannen die Christen all das zu bekämpfen, was sie als Irrlehren betrachteten, darunter den Nestorianismus: Im Gefolge von Nestorius, der Anfang des 5. Jahrhunderts Bischof von Konstantinopel war, lehnten die Nestorianer die Lehre von der göttlich-menschlichen Doppelnatur Christi ab.

Nestorianer, die ihrem Glauben nicht abschworen, wurden vertrieben und machten sich auf eine weite Wanderung nach Osten. In Persien, dem großen Feind von Byzanz, gründeten sie eine Kirche, deren Einfluss später bis Indien und China reichte. Auch entlang der Handelsstraßen entstanden große Gemeinden. In Zentralasien konvertierten ganze Sippen türkisch-mongolischer Nomaden zum Nestorianismus, und Kaschgar war im 7. Jahrhundert ein nestorianisch-christliches Reich. In China erlebten nestorianische Kirchen bis zum 9. Jahrhundert eine Blütezeit.

Danach verbot die Ming-Dynastie jede ausländische Religion in China. In Zentralasien verschwanden die christlichen Gemeinden durch die arabische Expansion und die Verbreitung des Islam nach und nach.

TASCHKENT > SAMARKAND > BUCHARA

Das sagen-umwobene Samarkand

Für den persischen Dichter Omar Khayyâm ist Samarkand »das schönste Gesicht, das die Erde je der Sonne zugewandt hat« (*Rubayat*, 12. Jahrhundert). Und wirklich bringt die Stadt seit der Antike die Reisenden aus Ost und West zum Schwärmen. Im 15. Jahrhundert beschreibt Ruy Gonzales de Clavijo, der als Abgesandter des Königs von Kastilien ihrem Herrscher Tamerlan einen Besuch abstattet, den Prunk Samarkands. Der Emir veranstaltet hier rauschende Feste; überall gibt es Musik und Tanz, und man genießt bis zur Trunkenheit die hoch geschätzten Weine aus Buchara und Schiraz. Tamerlan bringt von seinen Feldzügen fantastische Reichtümer, zahlreiche Sklaven, Gelehrte und Künstler mit. Um die Hauptstadt seines Reichs zu verschönern, ruft er die berühmtesten Handwerker aus dem Mittleren Osten, Persien und Indien herbei. Die Blüte Samarkands setzt sich über seinen Tod bis zu seinem Enkel Ulug Beg fort. Dieser begeistert sich für Astronomie und Mathematik und lässt ein Observatorium bauen. Seine *Sterntafeln* sind für lange Zeit das Maß der Dinge.

Links
Der Registanplatz in Samarkand war jahrhundertelang einer der wichtigsten Kreuzungspunkte der Seidenstraße. Hier trafen Karawanen aus allen Himmelsrichtungen zusammen.

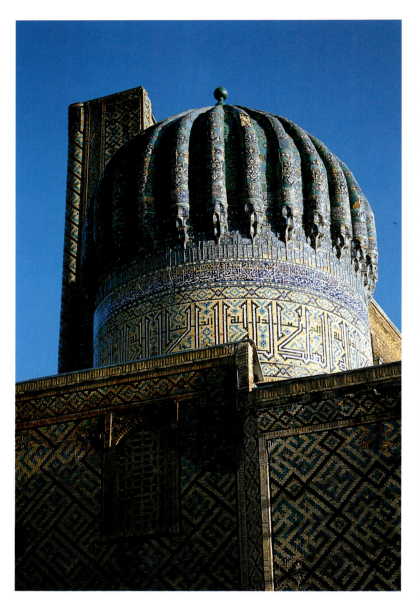

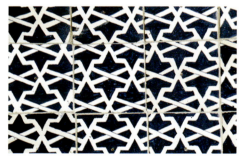

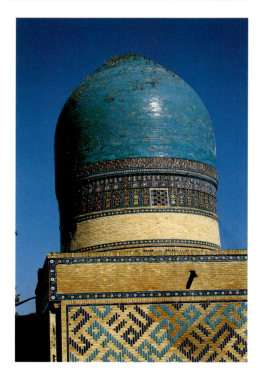

Oben links
Kuppel der Bibi-
Khanum-Moschee

Oben rechts
Eingang des Hodja-
Abdu-Darun-Mausoleums

Rechts
Kuppel der Sher-Dor-
Medresse am Registanplatz

Seite 187
Der Basar in Samarkand

Beschreibung Samarkands durch Marie de Ujfalvy-Bourdon im 19. Jahrhundert:

»Die Dekoration ist von einer Pracht, die den Geist verwirrt; es gibt hier wundervolle Säulen, Giebelfelder und Gewölbezwickel in Form von Erkernischen von erstaunlicher Schönheit. Die schlanken, feinen Säulen erheben sich graziös, und die Gewölbezwickel sind von unvergleichlicher Eleganz, Kühnheit und Linienreinheit zugleich.«

Marie de Ujfalvy-Bourdon, *De Paris à Samarkand, le Ferghanah, le Kouldja et la Sibérie occidentale, impressions de voyage d'une Parisienne*, 1880.

Ganz im Geist der Zeit kommen in den drei Expeditionen, die Charles Eugène und Marie de Ujfalvy-Bourdon unternehmen, Naturforschung, Archäologie und Völker-kunde zusammen. Die wissenschaftlichen Arbeiten von Charles Eugène werden auf brillante Weise durch die Reiseberichte seiner Frau Marie ergänzt.

»Eine große, breite Straße, mit Bäumen bepflanzt und von Läden aller Art belebt, führt uns zum großen Platz von Samarkand, dem so genannten Righistan, dem schönsten von Zentralasien. Hier erheben sich stolz die drei Medressen Tilla-Kari, Chir-Dar und Ulug-Beg. Der Name Tilla-Kari bedeutet ›Goldarbeit‹, und tatsächlich sticht Gold von den glasierten Ziegeln ab, bei denen die Farbe des Türkises vorherrscht. Der Türkis ist der bevorzugte Stein der Eingeborenen, man kann sogar sagen, dass in diesem Land alles türkis ist, die Steine, der Himmel, bis hin zu den Gebäuden.«

»Der Baumeister hat den Bogen des Portals so vollkom-men gebaut, dass sich der ganze Himmel vor Staunen kaum fassen kann, weil er glaubt, einen neuen Mond zu sehen.«

Inschrift an der Fassade der Sher-Dor-Medresse, Registanplatz, Samarkand.

SAMARKAND > **BUCHARA** > CHIWA

Buchara, die Edle

In Buchara, der Hauptstadt Sogdiens, strömen alle Reichtümer Asiens zusammen. Jahrhundertelang kontrollieren die sogdischen Händler einen Großteil des Handels über Land und fungieren dabei als Mittler. Hier kreuzen sich die Wege von China nach Europa und von Russland nach Indien, und die sogdische Sprache ist als Handelssprache in ganz Zentralasien in Gebrauch. Nach der Eroberung durch die Araber ist Buchara eine der größten heiligen Städte der muslimischen Welt; wie man sagt, gibt es hier eine Moschee für jeden Tag des Jahres, und in der Stadt stehen einige der größten Universitäten der mittelalterlichen Welt. Gelehrte, Dichter, Philosophen und Mystiker aus Buchara tragen zur kulturellen Blüte der Epoche bei. Man erbaut Paläste, Karawansereien und Basare. In der Nacht wird das Poi-Kaljan-Minarett zum Leuchtturm und leitet die Karawanen, die aus der Wüste auftauchen. Jeder der überdachten Basare an der Kreuzung der Handelsstraßen hat seine eigene Spezialität. Im Toki-Telpak-Furushon, der »Kuppel der Mützenhändler«, findet man Kleidungsstücke aus Pelz, Hüte und Messer. Hier verkauft man auch Astrachanpelz, die lockige, sehr dichte Wolle der Lämmer aus dem Pamir, aus der man Mützen und Mäntel herstellt, die in den kalten Gegenden sehr geschätzt werden.

Seite 188
Der Eingang des Ark, des Festungspalasts des Emirs von Buchara

Ganz oben
Tschor Minor, das monumentale Tor einer heute nicht mehr vorhandenen Moschee in Buchara

Oben
Mützenhändler, Spezialisten für Mützen aus Astrachanpelz

Oben und unten
Früher kam man aus ganz
Zentralasien, um sich in Buchara
einzukleiden.

»Der Orientale […] liebt das Tschachtschuch
oder den rauschenden Ton der Kleider, und
es machte mir großes Vergnügen anzuse-
hen, wie der Käufer mit dem neuen Tscha-
pan [Anzuge] einige Schritt auf- und
abging, um die Stärke des Tons zu prüfen.«

Ármin Vámbéry, *Reise in Mittelasien*, 1873.

Man findet hier auch Drogisten und Parfum-
hersteller, die eine Vielfalt an Pulvern und
Farbstoffen anbieten: Salben, um sich die
Augenbrauen nach usbekischer Mode zu
schwärzen, Indigo aus Indien, um Stoffe zu
färben und persischen Khôl herzustellen,
Alaun aus Zentralasien, um Leder zu bear-
beiten und die Farbstoffe zu fixieren, Myrrhe
und Weihrauch aus Arabien und Ceylon.

Der überdachte Markt ist der Seide vorbehalten: Man kommt nach Buchara, das über
mehrere Jahrhunderte die Modehauptstadt
des Ostens ist, um sich einzukleiden. Unterhalb der Festung, in welcher der Emir und
sein Hof leben, erstreckt sich der große
Basar. Hier finden auch die öffentlichen Hin-
richtungen statt, denn die schillernden Basare haben auch eine Schattenseite: lokale
Herrscher mit unbegrenzter Macht und
wechselnder Laune, menschenunwürdiger
Sklavenhandel und verdorbenes Wasser in
Kanälen und Becken, in denen sich Krankheiten ausbreiten. In den Gefängnissen
der Zitadelle, so erzählt man hinter vorge-
haltener Hand, würden die Zecken und das
Ungeziefer mit frischem Fleisch gefüttert.

»Jenseits der Stadtmauer erstrecken
sich ununterbrochen Märkte, man stellt
dort Vieh zum Verkauf, Stoffe, Sklaven,
Gegenstände aller Art aus Gelbguss
und Kupfer, Gefäße und verschiedene
Geräte. In Buchara und seiner Umgebung werden vielfältige Erzeugnisse
hergestellt, die man in den Irak und
in andere Gegenden exportiert, so
genannte Buchara-Stoffe, ein schweres,
dichtfädiges, stabil gewebtes Baumwoll-
tuch, das von den Arabern sehr
geschätzt wird, oder auch Teppiche,
wirklich schöne Wollbezüge für Möbel,
Kissen, Gebetsteppiche mit Mirab-
Mustern.«

Ibn Hawqal, *Buch von der Gestalt der Erde*, 10. Jahrhundert.

In Buchara wird das muslimische Gesetz zur damaligen Zeit streng ausgelegt. Den Blick auf eine Frau zu richten wird mit dem Tod bestraft. Ausländische, nicht muslimische Händler wie Juden, Hindus oder Perser werden geduldet, wenn sie strenge Regeln befolgen und Erkennungszeichen tragen. Sie leben in Karawansereien oder besonderen Vierteln zusammengefasst. Viele von ihnen sind Geldwechsler und -verleiher, denn die muslimische Religion verbietet den Geldverleih gegen Zinsen. Im 16. Jahrhundert werden die großen Karawanen in Buchara seltener. Der Handel mit Europa findet nun über Indien und per Schiff statt, und Zentralasien kapselt sich von der Welt ab.

Auf dem Labi-Havuz-Platz ist bis heute eines der zahlreichen Wasserbecken zu sehen, die früher die Stadt schmückten. Auf den Terrassen der *chaikhanas*, der Teestuben, spielen elegante alte Herren mit langen weißen Bärten, Turbanen und Samtmänteln voller Militärabzeichen Schach und schlürfen dabei im Schatten der Maulbeerbäume ihren Tee. Wie es der Brauch verlangt, streichen sich die Männer mit den Händen über das Gesicht, den Bart und das Herz, bevor sie die Mahlzeit miteinander teilen: köstliche Schaschliks, zu denen es goldgelbes Brot und Zwiebelringe gibt. Dazu trinkt man *chai*, Grüntee aus China. Der Ort verbreitet Frieden und Gelassenheit.

Oben
Auf dem Labi-Havuz-Platz in Buchara pflegt man das Gespräch im Schatten der Maulbeerbäume.

DIE FARB-STOFFE

Die Handwerker des Orients beherrschten schon sehr früh die Technik des Färbens und vor allem des »Beizens«, durch das man die Farben abstufen und bleibend in der Tiefe der Stofffaser verankern konnte. So erhielt man durch Verwendung eines Krapp- oder Karminbads und eines Beizmittels auf Alaunbasis eine breite Palette von Rottönen, je nachdem, wie viel Beize man zugab. Wenn man dem gleichen Krapp-Farbstoff ein Beizmittel auf Eisenbasis beigab, erschienen Schwarz und Dunkelbraun. Violett entstand durch Verbindung eines Beizmittels auf Alaunbasis und eines anderen auf Eisenbasis. Blau erzielte man mit Indigo, Gelb mit Kurkuma oder Saflor; und um Grün zu erhalten, musste man lediglich Gelb auf die mit Indigo gefärbten Stellen aufbringen. Als Ersatz für das seltene und teure Purpur verwendete man Krapplack, Indigo oder Zinnober.

Die Handwerker des Orients beherrschten schon sehr früh die Technik des Färbens und den Gebrauch von Beizmitteln.

Der Orden der Mevlevi oder drehenden Derwische hat seinen Ursprung im zentralasiatischen Sufismus.

SUFIS UND DERWISCHE: MUSLIMISCHE ASKETEN UND MYSTIKER

»Buchara, die Heilige« gilt seit dem Mittelalter als Hochburg der muslimischen Religion, und für die Pilger aus Zentralasien war die Stadt eine obligatorische Zwischenstation auf dem Weg nach Mekka. Und es ist die Geburtsstätte des Sufismus; in Buchara ist die Medresse Chanaka Nadir Diwan-Begi seine erste Adresse.

Für die Anhänger des Sufismus geht der Islam über das Befolgen der Scharia, des islamischen Gesetzes, hinaus: Im Bemühen um Reinheit bekämpfen sie Laster und Aus-schweifungen, halten sich an strenge Fastenregeln und proklamieren die »innere Erkenntnis« Gottes. Die Sufis widmen sich der Kontemplation und Meditation, dem Gebet, den heiligen Gesängen und Tänzen, bei denen sie »ihren Geist Gott hingeben« und bis zur Ekstase bestimmte Formeln wiederholen, von denen die bekannteste das muslimische Glaubensbekenntnis ist: »Es gibt keinen Gott außer Allah.«

Zentralasien ist die Geburtsstätte des islamischen Ordensgedankens, der sicher durch christliche Mönche und manichäische Asketen inspiriert wurde. In Buchara hatten die Naqschbandi große Wirkung; einer von ihnen flüchtete unter dem Namen Mevlana vor den Mongoleneinfällen nach Konya in Anatolien und gründete dort den Orden der Mevlevi oder drehenden Derwische, die sich in Ekstase versetzen, indem sie wirbelnde rituelle Tänze ausführen.

Neben ihrer religiösen Funktion bildeten die Sufi-Gemeinschaften eine Art Geheimbund und praktizierten gegenseitige Hilfe. Ihre Stellung in der islamischen Welt ist bis heute umstritten.

»Aus Choresmien exportiert man Felle von Zobel, Eichhörnchen, Hermelin, Marder, Wiesel, Fuchs, Biber und Hasen in verschiedenen Farben, Ziegenhäute, Wachs, Bernstein, Honig, Haselnüsse, Falken, Schwerter, Rüstungen, slawische Sklaven, Schafe und Rinder.«

Al-Muqaddasi, *Descriptio imperii moslemici*, 985.

BUCHARA > CHIWA > RUSSLAND

Chiwa, die wilde Hauptstadt von Choresmien

Ganz oben

Tor der Zitadelle von Chiwa, einer Zwischenstation an der Seidenstraße nach Russland und in die Länder des Nordens

Oben

Medresse in Chiwa

Der »Rote Sand« der Wüste Kysylkum nimmt fast die Hälfte Usbekistans ein – ein riesiges leeres Gebiet, in dem sich nur hier und da einige Dörfer und Städte am Flusslauf des Amu-Darja finden. Das von der Wüste umgebene Chiwa ist mehrere Jahrhunderte lang die Hauptstadt von Choresmien, dessen Khane durch ihre Grausamkeit bekannt sind. Während des Mittelalters ist die Region eine der wirtschaftlichen Großmächte des Orients und ein wichtiges kulturelles Zentrum.

In Chiwa beschäftigt sich al-Biruni mit Astronomie und Physik, al-Chwarizmi wird zum Erfinder der Algebra. Durch diese muslimischen Mathematiker kommen die aus Indien stammenden so genannten »arabischen« Zahlen nach Europa. Die Oase ist eine wichtige Zwischenstation für die Karawanen, die auf der Nordroute nach Russland und weiter ans Schwarze Meer, zur Krim und nach Europa unterwegs sind. In umgekehrter Richtung befördert man zahlreiche Slawen, die man bei Überfällen erbeutet hat,

Persischer Sklave

DER SKLAVEN-HANDEL

Die Sklaverei war in Chiwa, wo wie in Buchara ein Sklave auf zehn Einwohner kam, Gegenstand eines sehr lukrativen Handels. Bei den Sklaven handelte es sich meist um Kasachen, Perser und Russen, die man im Krieg oder bei Überfällen gefangen genommen hatte. Der Khan benutzte sie für Bauarbeiten oder als Söldner. Wer über ein bestimmtes Fachwissen verfügte, wurde als Handwerker eingesetzt, die anderen waren Haussklaven oder halfen in der Landwirtschaft. Hübsche Frauen konnten darauf hoffen, Tänzerinnen, Dichterinnen oder Musikerinnen zu werden. So wurde im 18. Jahrhundert Philip Efremov, ein russischer Unteroffizier, in Orenburg von kasachischen Nomaden gefangen genommen und in der Gegend von Buchara zuerst als Sklave, später als Söldner verkauft. Von seinen unglaublichen Abenteuern erzählt er in einem Buch mit dem ebenso unglaublichen Titel *Zehnjährige Reise des russischen Unteroffiziers Efremov und seine Abenteuer in Bucharien, Chiwa, Persien und Indien und seine Rückkehr nach Russland über England, geschrieben von ihm selbst, 1774–1782.*

Die Zitadelle von Chiwa, hinter deren Mauern einst der Sklavenmarkt stattfand

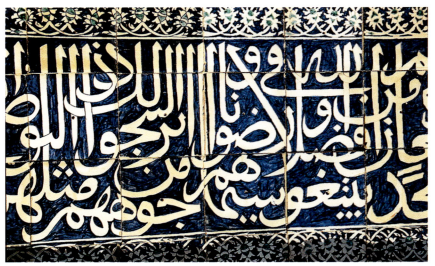

Fayencen an der Moschee in Chiwa

und die man in Chiwa als Sklaven verkauft. 1717 entsendet der Zar 3000 russische Soldaten, um diesem Handel ein Ende zu setzen – sie werden auf dem Hauptplatz kurzerhand exekutiert. Abgeschafft wird die Sklaverei in Chiwa erst 1873.

Die Sowjets wandelten die Stadt in ein Museum für Touristen um, aber seit der Unabhängigkeit hat ein Teil der Bevölkerung die alten Viertel wieder in Besitz genommen. Moscheen, Medressen und Paläste haben nichts von ihrem Glanz verloren. In der sandfarbenen Stadt, die von blauen und goldenen Kuppeln und Minaretten überragt wird, sind Esel und Kamele die einzigen Verkehrsmittel.

Moschee in Chiwa

ÁRMIN VÁMBÉRY

Von den Zeiten Tamerlans bis zur russischen Invasion kam nur eine Handvoll Ausländer nach Turkestan. Charles Stoddart und Arthur Conolly, zwei Vertreter der englischen Armee, die der Spionage angeklagt waren, wurden 1842 in Buchara hingerichtet. Als türkischer Derwisch verkleidet, gelangte der Ungar Ármin Vámbéry 1863 nach Samarkand und pilgerte unter Lebensgefahr durch die großen Städte Zentralasiens, die für Nichtmuslime verschlossen waren: Chiwa, Samarkand und Buchara.

Porträt von Ármin Vámbéry als Pilger verkleidet

»Wie mir am 3. Juni vor den Thoren Chiwas zu Muthe war, wird der Leser sich vorstellen können, wenn er an die Gefahr denkt, der irgendein Verdacht, so leicht hervorgerufen durch meine auffallenden europäischen Züge, mich aussetzte. Ich wußte sehr wohl, daß der Chan von Chiwa, dessen Grausamkeit selbst die Tataren misbilligten, bei einem solchen Verdacht viel strenger verfahren würde als die Turkomanen. Ich hörte, daß der Chan alle verdächtigen Fremden zu Sklaven machte. Mein Inneres war aufgeregt, aber bange war mir durchaus nicht. Ich war durch die stete Gefahr abgehärtet.«

Ármin Vámbéry, *Reise in Mittelasien*, 1873.

PERSIEN, KREUZUNGSPUNKT DES ORIENTS

»Ich will persischen Schwefel nach China tragen, wo ich sagen hörte, dass er einen hohen Preis hat, und anschließend Porzellan aus China nach Griechenland, griechischen Brokat nach Indien, indischen Stahl nach Aleppo, Glas aus Aleppo in den Jemen und gestreifte Stoffe aus dem Jemen nach Persien.«

Saadi, »Pläne eines persischen Kaufmanns«, *Golestan*, 13. Jahrhundert.

Von Merw in das Herz des Iran

Seite 200/201

An der turkmenischen Grenze steuerten die Karawanen manchmal lieber die Wüste an, als das schmale Tal von Kalat zu durchqueren, das von wilden Räubern heimgesucht wurde.

Oben

Die Karawanserei von Sarakhs, ein Zufluchtsort auf dem Weg durch die turkmenische Wüste

Sind die Khanate Zentralasiens durchquert, erreicht man die große Handelsstation Merw im heutigen Turkmenistan. Von hier aus ziehen die Karawanen in die Dasht e Kavir, die Große Salzwüste im Norden des Irans. Sarakhs an der iranischen Grenze ist ein wichtiger Zwischenstopp, wenn man die

Wüste wieder verlässt. Nun betritt man Persien, das Zentrum des Ost-West-Handels zu Land und zu Wasser. Welche Route man auch wählt, sie führen alle über Persien, das aus dem Handel hohe Gewinne zieht und sogar manche Häfen in Indien und auf Ceylon kontrolliert.

Im alten China stehen Produkte aus Persien hoch im Kurs. Begehrt sind exotische Kuriositäten, deren Besitz für das Prestige des Kaisers und der Mandarine sorgt: Löwen, Leoparden, Strauße und Straußeneier, Luchse und für die Jagd dressierte Falken sind beliebte Gesandtschaftsgeschenke. Persien exportiert aber auch Silber, Edelsteine, Glas, Luxusstoffe und Keramik.

Überall an der Straße nach Westen finden sich Erinnerungen an die Glanzzeit Persiens: Von Meschhed, einer der reichsten und berühmtesten Pilgerstätten der Schiiten, gelangt man nach Tus, wo kurz vor dem Jahr 1000 der Dichter Ferdousi geboren wurde, dessen *Buch der Könige* die Geschichte Persiens erzählt. In Nischhapur, einem blühenden geistlichen Zentrum zur Zeit der Seldschuken, kam der Mathematiker, Philosoph und Dichter Omar Khayyam zur Welt, dessen melancholische *Rubaiyat* die Süße des Weins und der Liebe besingen und die Vergänglichkeit der irdischen Sorgen aufzeigen. In Ray bei Teheran beginnt die Karawanenstraße nach Täbris und ans Kaspische Meer; eine weitere geht nach Ekbatana, das heutige Hamadan, in Richtung Bagdad. Eine dritte führt durch die Wüste zur Straße von Hormus und an den Persischen Golf.

Hier kommen die Erzeugnisse des Ostens mit denen aus Arabien und Afrika zusammen. Dieser Straße folgt auch Marco Polo auf seiner Reise nach China.

»Figuren eines Schachbretts, willenlos
Von fremder Hand geleitet, das sind wir.
Die Tugenden und Laster unsres Wesens
Erfüllen blindlings wir, gleich einer Sanduhr,
Die, von der Hand des Schicksals aufgestellt,
Mit willenlosem Gang die Zeit erfüllt.«

Omar Khayyam, *Rubaiyat*, 12. Jahrhundert.

Unten
In Meschhed befindet sich das Grabmal des Imams Reza, die bedeutendste Pilgerstätte des Iran.

203

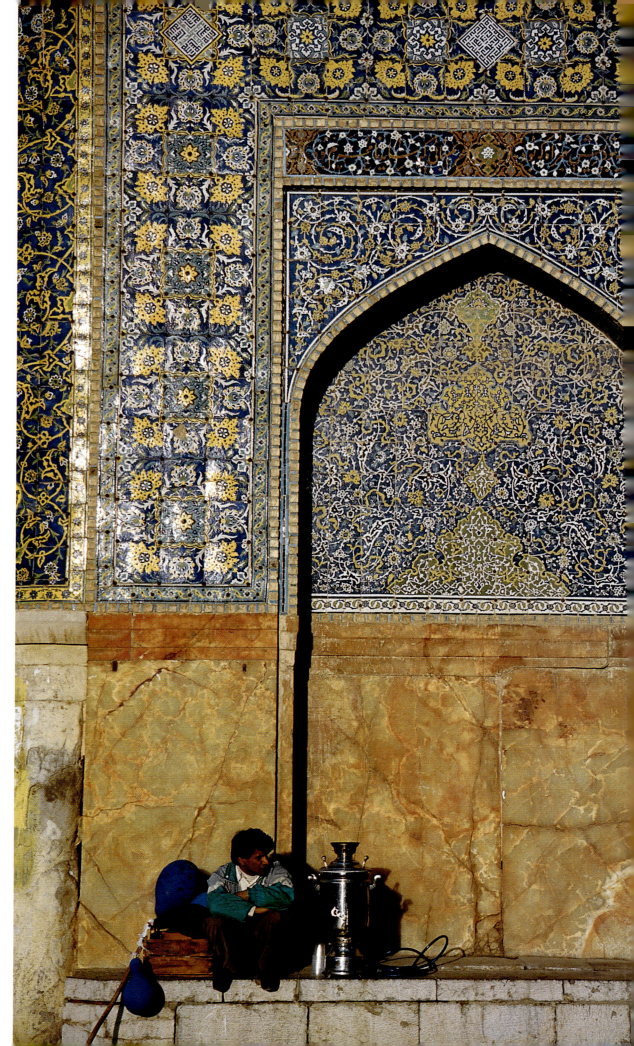

»Hier ist es also, dieses schöne Isfahan, dieses Wunder der Wunder, diese blühende Rose des Paradieses, die von den persischen Dichtern besungen wird. Seine Straßen und seine Pfade sind sattgrün, ein ewiger Frühling bekleidet das Tal mit einem Prachtgewand, das die Erde Neid verspüren lässt, die Blumen erfüllen die Luft mit einem Duft wie Moschus, die Bäche verströmen ein klares Wasser wie der Lebensbrunnen. O dass dich der Regen begieße, o Isfahan, unter allen Städten, o dass dich der Tau des Himmels erfrische unter allen Orten.«

Jane Dieulafoy, *Une Amazone en Orient, du Caucase à Ispahan, 1881–1882.*

Rechts
Teeverkäufer im Innenhof der Imam-Moschee in Isfahan

Links
Die Moschee des Scheichs
Lotfollah auf dem großen Platz
von Isfahan

Unten
Die Khaju-Brücke

TEHERAN > **ISFAHAN** > YAZD

Die Straße über Isfahan –
auf den Spuren Marco Polos

In Isfahan zeigt sich – neben Schiras – die ganze Pracht der persischen Kultur. Am Anfang des 17. Jahrhunderts will Schah Abbas I. der Große aus der Stadt ein Abbild des Paradieses machen: Er lässt breite Straßen bauen, Gärten und Wasserbecken anlegen und Bauwerke errichten, deren blaue Kuppeln den goldenen Schein der Lehmhäuser in der Altstadt hervorheben. Wenn sich die Abenddämmerung über die Stadt senkt, nimmt die Kuppel der kleinen Moschee des Scheichs Lotfollah einen matten, goldbraunen Schimmer an. Etwas weiter füllt die große Imam-Moschee den Raum. Vögel schweben über dem Hof – ein flüchtiger Augenblick der Schönheit und Leichtigkeit im Reinzustand. Zweifellos wurde der Ort bewusst gewählt, um die Erhebung des Geistes zu fördern. An der Seite des Platzes gelangt man in die engen Gassen des überdachten Basars. Es häufen sich seltene Stoffe und wertvoller Schmuck, Kupfertabletts und feines Gebäck. Dieser Basar der zarten Dinge liegt geheimnisvoll im Halbdunkel, wo die kleinen Lampen der Läden leuchten.

»Sooft die Gauner einen Raubzug planen, setzen sie ihre Zauberkünste ein: Mit Teufelskräften gelingt es ihnen, den Tag zu verfinstern; so dunkel wird es, dass man seinen Nebenmann nicht mehr sieht. Sieben Tage lang lassen sie die Finsternis dauern.«

Marco Polo, *Il milione.*
Die Wunder der Welt, 1298.

Rechts
Die Wüste Dasht e Kavir in
der Umgebung von Yazd

Oben
Yazd, das von der Unesco
als Weltkulturerbe anerkannt
wurde, ist eine der ältesten
bewohnten Städte der Welt.

Durch die Wüsten Irans

Im Norden die Dasht e Kavir, im Süden die Dasht e Lut, die Lut-Wüste: Die Karawaniers, die sich auf diese Wege vorwagen, setzen sich zahlreichen Gefahren aus, müssen Räubern und Sandstürmen trotzen. Steinige Flächen mit einem Tupfenmuster aus grünen Büscheln, von Pistazienbäumen umgebene Oasen, deren Plantagen sich kilometerweit erstrecken; zerklüftete Berge, wüstenhafte, flache Plateaus, so weit das Auge reicht ... und dann die Wüste: endlose karge Flächen mit hartem Sand unter unerbittlicher Sonne. Am Rand der Straße sehen einige Kamele träge den vorbeifahrenden Lastwagen nach. Die Dörfer schützen sich mit hohen Lehmmauern vor der sengenden Sonne. Die Straßen sind mit Kuppeln überdacht, was den Bewohnern ein wenig Frische spendet.

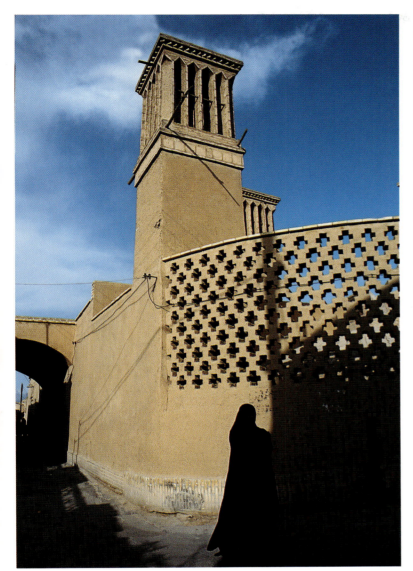

Inmitten der Wüste liegt Yazd, eine der ältesten Oasen des Landes. Ein paar Kinder und schwarz verschleierte Frauen sind eiligen Schrittes in den gewundenen Gässchen unterwegs, in denen man sich leicht verläuft. Über einigen Häusern ragen *badgir* auf, »Windfänger«, welche das Wenige an zirkulierender Luft aufnehmen und ins Innere der Häuser leiten, wo sie über einem Wasserbecken gekühlt wird.

Hier lebt eine der größten vorchristlichen Religionen fort: Am Eingang des Tempels von Yazd ist über der Tür die Skulptur eines Vogelmenschen zu sehen, das Symbol des Propheten Zarathustra. Innen brennt hinter einer Glasscheibe angeblich seit dem 5. Jahrhundert eine Flamme. Priester kommen hierher, um die Riten zu vollziehen und das heilige Feuer zu unterhalten, das nie erlöschen darf. Am Rand der Stadt stehen die »Türme des Schweigens«, in denen man früher die Toten aussetzte. Heute gießen die Anhänger des Gottes Ahura Mazda getreu der Regel, dass man Wasser, Erde und Feuer nicht verunreinigen darf, die Körper der Toten in Betonblöcke ein.

Oben links
Über den hohen Mauern um die Häuser ragen *badgir* oder »Windfänger« auf, die den geringsten Lufthauch auffangen, um die Behausungen zu kühlen.

Seite 210/211
Der Innenhof der Imam-Moschee in Isfahan

DIE RELIGION ZARATHUSTRAS

Vor der Eroberung durch die Araber war der Kult des Ahura Mazda in Persien die Hauptreligion. Zarathustra (Zoroaster) soll im 7. Jahrhundert v. Chr. im Norden Afghanistans geboren sein. Er wandte sich früh gegen den iranischen Mithra-Kult, eine Opferreligion, weil er der Meinung war, auch Tiere hätten eine Seele. Mit rund 30 Jahren wurde ihm seine prophetische Aufgabe offenbart. In seiner Lehre ist Ahura Mazda der höchste Gott, der durch Güte, Wahrheit und Licht charakterisiert ist. Ihm gegenüber steht Angra Mainyu, der Gott des Bösen und der Finsternis. Die Welt ist also in zwei Lager gespalten, und jeder Mensch muss sich für eines entscheiden: Führt er ein gerechtes Leben, fördert er den positiven Teil der Schöpfung und trägt zum Sieg des Guten bei. Die Bösen hingegen gelangen ins Fegefeuer. Mehrere Aspekte dieses Kults (Monotheismus, Kampf zwischen Gut und Böse, Jüngstes Gericht) beeinflussten später den jüdischen und christlichen Glauben. Nach den Eroberungsfeldzügen der Araber verdrängte der Islam rasch die Religion Zarathustras. Obwohl sie von den muslimischen Eroberern geduldet wurden, wanderten viele Gläubige nach Osten aus. In Indien bildeten sie die Parsi-Gemeinden: Diese setzen in Bombay bis heute ihre Toten in den »Türmen des Schweigens« aus, wo sie von den Geiern verzehrt werden. Die rein erbliche Weitergabe der Religion und die Verpflichtung zur Heirat innerhalb der Gemeinden ließen die Zahl der Gläubigen nach und nach sinken. Heute zählt man weltweit rund 150 000 Anhänger Zarathustras, vor allem in Bombay. In Yazd und Kerman umfasst die Gemeinde rund 30 000 Mitglieder.

Zarathustra-Tempel

DER GEWÜRZ-HANDEL

Zimtstangen

»Dieses Reich [Indien] hat eine gewaltige Bevölkerung und mächtige Armeen. Ihr König besitzt mehrere Arten Düfte und Kräuter, wie sie kein König besitzt. Seine Ländereien bringen Kampfer, Aloe, Gewürznelken, Sandelholz, Muskat und Kardamom hervor.«

Al-Mas'udi, *Buch der Goldwäschen*, 10. Jahrhundert.

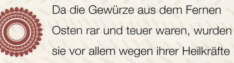 Da die Gewürze aus dem Fernen Osten rar und teuer waren, wurden sie vor allem wegen ihrer Heilkräfte verwendet. In der arabischen Welt des Mittelalters war Kochen jedoch ein sehr ernstes Thema, das in den Büchern ausführlich behandelt wurde. Man benutzte vor allem Koriander, Dill, Zimt, Pfeffer, Ingwer und Gewürznelken. Im 13. Jahrhundert tauchte im Mittleren Osten der Kaffee auf, und der chinesische Tee gelangte nach Persien.

Kurkuma

Kurkuma ist ein Kraut, das in China und im tropischen Asien wächst und in der asiatischen Küche eine große Rolle spielt. Verwendet wird ausschließlich die Wurzel; mit Piment, Kardamom und Koriander vermischt, bildet Kurkuma die Grundlage des Currypulvers. Durch Destillation entsteht aus Kurkuma ein Öl, das traditionell in der chinesischen Arzneimittelherstellung verwendet wird. Es wirkt anregend und harntreibend, lindert aber auch Augenleiden und vertreibt Ungeziefer. Die Chinesen verwendeten es zur Haltbarmachung von Papier – zahlreiche alte Handschriften, die man in Chinesisch-Turkestan entdeckte, waren mit Kurkuma bedeckt. Bei den frühen Textilien und Teppichen aus China und Zentralasien wurde die Farbe Gelb oft mit Kurkuma erzielt, das die muslimischen Drogisten auch »Färberwurzel« nannten.

Die Kurkuma oder »Färberwurzel«

Zimt

Man findet ihn in China, Ceylon, Sumatra und Malaysia. Seine Eigenschaften, die mit seinen verschiedenen Herkunftsorten verbunden sind, waren in den alten Medizintraktaten heftig umstritten, aber alle waren sich seiner Wirksamkeit einig:

»Zimt ist wärmend, harntreibend, schmerzlindernd und appetitanregend, er trägt zur Sehschärfe bei. Mit Essig vermischt, heilt er Pickel und Ausschlag, er beseitigt schlechten Atem, kurzum, er ist der Duft, der am besten von den nicht ausgeschiedenen Säften reinigt.«

Ibn al-Gazzâr, *Zâd al-musâfir (Viaticum des Reisenden)*, 10. Jahrhundert.

Pfeffer

Ebenso wie Seide war Pfeffer eine Tauschwährung, eine sichere Ware. Ibn Battuta, der »Prinz der Reisenden«, sah in Indien bei der Pfefferernte zu:

»Die Pfeffersträucher ähneln Weinstöcken. Man pflanzt sie vor Kokospalmen, an deren Stamm sie sich wie Weinreben hinaufranken. Wenn der Herbst kommt, pflückt man den Pfeffer und breitet ihn in der Sonne auf Matten zum Trocknen aus, wie man es mit den Trauben tut, wenn man sie trocknen will. Man wendet ihn unaufhörlich, bis er vollständig trocken ist und sehr schwarz wird; danach verkauft man ihn an die Händler. Ich sah welchen in der Stadt Calicut, wo man ihn mit dem Scheffel misst wie in unserer Gegend die Hirse.«

Ibn Battuta, *Voyages et périples choisis*, 1992.

Die heute nicht mehr vorhandene Zitadelle von Bam. Die Stadt am Rand der Lut-Wüste war über tausend Jahre eine große Handelsstation an der Strecke zur Meerenge von Hormus. 2003 wurde sie bei einem Erdbeben vollständig zerstört.

YAZD > **BAM** > INDIEN

Zur Straße von Hormus

An den hohen Lehmmauern, die die Straßen der Stadt Bam säumen, spenden Oleanderbäume und Palmen wohltuenden Schatten. Endlose Plantagen mit Zitrusfrüchten und Dattelpalmen bringen die Stadt zu Wohlstand; die weichen, saftigen Datteln aus Bam sind in der ganzen Welt berühmt.

Bam ist eine alte Zwischenstation an dem Weg, der den Persischen Golf mit Indien verbindet. In der imposanten Zitadelle aus ungebranntem Lehm oberhalb der modernen Stadt fand die Bevölkerung bis ins 18. Jahrhundert Zuflucht. Hier begegneten sich Völker zarathustrischen, jüdischen oder christlichen Glaubens. Die Zitadelle wurde nach einem Einfall der Afghanen 1722 verlassen und 2003 durch ein Erdbeben vollständig zerstört. Von Bam aus gelangte man in einigen Tagen zur Straße von Hormus am Eingang zum Persischen Golf. Wie eine Geschichte in *Tausendundeine Nacht* erzählt, wurde der Seeweg nach Indien von dem indischen Fürsten Sanabara eingeweiht, der uns als

Sindbad der Seefahrer bekannt ist. Er war von Barygaza an der indischen Küste aufgebrochen und kolonisierte die Küsten von Persien und Arabien, Malabar und Sansibar. Dieser Seehandel zwischen dem Mittelmeer und Indien über den Persischen Golf ergänzte die Routen über Land. Neben Gewürzen und Stoffen lieferten die muslimischen Händler indisches Holz in die Wüstengebiete des Mittleren Ostens und brachten Pferde aus Arabien nach Indien zurück.

Ab dem 11. Jahrhundert verlagerten sich die großen Handelswege; die Häfen des Roten Meers machten denen des Persischen Golfs Konkurrenz, und Ägypten nahm den Handel zwischen Ost und West in die Hand.

DIE STRASSEN IM NORDEN: IN DEN KAUKASUS UND NACH BYZANZ

»Man macht fünfzehnhundert Kilometer in zwei Wochen und rast wie der Wind durch ganz Anatolien […] und man bleibt sechs Monate in Täbris, Aserbaidschan […]. Die Stadt ist weder türkisch noch russisch noch persisch. Natürlich hat sie von all dem ein wenig, aber im Grunde ihres Wesens ist sie zentralasiatisch.«

Nicolas Bouvier, *Die Erfahrung der Welt*, 1963.

TEHERAN > **TÄBRIS** > TIFLIS

Durch den Kaukasus

Bereits in der Antike versuchen die Byzantiner ebenso wie die Sogdier mit allen Mitteln, Persien als Zwischenhändler zu umgehen. Nördlich des Schwarzen und Kaspischen Meeres gibt es mehrere Routen, aber sie sind gefährlich und im Winter unpassierbar. Man muss hohe Gebirgspässe überwinden, breite Flüsse überqueren und der Kälte trotzen ...
Die Route über die Wolga und das Kaspische Meer entwickelt sich während der Kreuzzüge. Aus den Ländern des Nordens und Russland importiert man Bernstein von der Ostsee, Honig, Wachs und Holz, woran in der arabischen Welt bitterer Mangel herrscht. In die Türkei gelangt man über Tiflis im Kaukasus oder über Baku, Aserbaidschan und das Kaspische Meer. An der Kreuzung dieser Straßen liegt Täbris, das damals eine wichtige Zwischenstation ist.

Links
Karawanenstraße im Kaukasus

Rechts
Der Berg Ararat, der höchste Punkt Anatoliens

TEHERAN > **TÄBRIS** > DOGUBAYAZIT

Der Basar von Täbris

Der mehr als 1000 Jahre alte überdachte Basar von Täbris, ein Labyrinth brauner Gänge mit eigenwilligem Grundriss, gleicht einem riesigen Ameisenhaufen. Er ist traditionell in fünf große Viertel unterteilt: Teppiche, Schreibwaren, Schuhwerk, Schmuck und Töpferwaren.

Man findet hier jedoch auch das Viertel der Fleischer, des Tees und der Wasserpfeifen und die Läden der Gewürzhändler, in denen sich Berge von Honig, Pyramiden

Seite 218

In den düsteren Gässchen des Basars von Täbris machen sich seit über 1000 Jahren Händler und Lastenträger zu schaffen.

Oben und links

Läder auf dem Basar von Täbris

Rechts und ganz rechts
Türkise und Lapislazuli

Unten
Korallen und Bernstein

EDELSTEINE

Saphire aus Kaschmir, Rubine aus Birma und Pakistan, Jade aus China, Perlen aus Ceylon und vom Persischen Golf, Bernstein aus der Nordsee, Korallen aus dem Mittelmeer, Saphire und Diamanten aus Indien: Mit ihrem geringen Gewicht und ihrem hohen Wert waren Edelsteine eine ideale Handelsware und überall begehrt. Die meisten wurden in der Schmuckherstellung oder für die Verzierung der Paläste, Moscheen und Kathedralen verwendet. Aus einigen wurden auch Farbstoffe gewonnen, etwa Azurit und Lapislazuli aus Afghanistan, aus denen man die blauen Farben der Wandgemälde herstellte. Andere wurden in der Medizin angewandt, viele hatten Zauberkräfte, brachten Unglück oder gewährten Schutz. Der Turmalin schützte die Händler und gab ihnen den richtigen Geschäftssinn. Der Saphir war ein mächtiger Talisman, der Schlangen, Armut und Krankheiten fernhielt. Der in Osteuropa abgebaute Opal war im Römischen Reich ein Zeichen der Macht, im Mittelalter galt er als Unheil bringend. Der Türkis, von dem Persien die schönsten Stücke lieferte, war die »Quelle des Lebens«. Sein Name leitet sich von der Bezeichnung »türkischer Stein« ab; er verbreitete sich seit der Zeit der Kreuzzüge über ganz Europa. Die Koralle, die hauptsächlich im Mittelmeer »gefischt« wurde, gelangte in die Häfen Indiens und wurde dann über Kaschmir bis nach Zentralasien und China geschafft. Bereits in der Antike fand man sie in den abgelegenen Gebieten des Himalaja und Tibets, wo sie bis heute sehr häufig für Schmuck verwendet wird und zu den »sieben kostbaren Dingen« des Buddhismus zählt. Im Westen wie im Osten ist sie dafür bekannt, dass sie den bösen Blick abwendet. Man verwendet sie auch zerstoßen in der Arzneimittelherstellung. Einige Edelsteine wurden zu Legenden. Am bekanntesten ist sicher der Koh-i-Noor, ein riesiger Diamant. Nachdem er im Besitz eines indischen Radschas gewesen war, ging er an die Mogulkaiser über, nach der Plünderung Delhis dann an Nadir Schah in Persien. Ahmad Schah nahm ihn anschließend nach Afghanistan mit und verkaufte ihn wieder an einen indischen Radscha, bevor die Briten sich seiner bemächtigten und in die Königskrone übernahmen. Heute fordert das indische Parlament regelmäßig die Rückgabe des Steins, aber wie es scheint, stellt sich die Königin taub.

mit *halva* (Sesamnougat), Datteln und
Frischkäse türmen.

Lastenträger mit schweren Paketen bahnen
sich ihren Weg zwischen den mächtigen
Teppichstößen und entgehen dabei nur
knapp dem Zusammenstoß mit korpulenten
Geschäftsleuten, die große Transaktionen
aushandeln. Täbris ist seit Langem für die

Qualität seiner Wolle und die Schönheit
seiner Teppiche bekannt. Die Teppichweber
der Stadt gaben ihre Fertigkeiten bis nach
Zentralasien, Buchara und Hotan weiter.
Die europäischen Händler kamen vor
allem hierher, um Edelsteine zu kaufen; eine
Mauer trennte das christliche Viertel von
der muslimischen Gemeinde.

Mitte links
Aserbaidschanische Händler auf
dem Basar in Täbris

Links
Ein Gewürzstand in Täbris

Oben
Ein Teehändler mit seinem
Samowar

Ganz oben
Der Isak-Pasa-Palast in der Nähe des Bergs Ararat an der iranischen Grenze

Oben
Kurdische Frauen

TÄBRIS > **DOGUBAYAZIT** > ISTANBUL

Uzun Yol: der lange Weg nach Anatolien

 Hinter Täbris reisen die Waren durch Anatolien, um Trapezunt am Schwarzen Meer und dann Konstantinopel zu erreichen. In der anatolischen Steppe, deren grasbewachsene Hügel sich ins Endlose erstrecken, folgt die Straße bis heute dem Verlauf des Uzun Yol, des »langen Wegs«, der Persien mit Anatolien verband. An der Grenze zwischen dem Iran und der Türkei, am Fuß des Bergs Ararat,

liegt Dogubayazit, ein raues, von Soldaten bevölkertes Städtchen. Direkt oberhalb der Stadt liegt versteckt ein Palast, der in seiner Einsamkeit fast irreal erscheint. Hier lebte im 17. Jahrhundert ein kurdischer Emir, umgeben von Hofstaat und Harem. Die barocken Zierleisten vermischen sich mit den arabisierenden Motiven und geben dem Ort gleichzeitig etwas von einem bayrischen Schloss und einem Palast aus *Tausendundeine Nacht*.

In den engen Läden der Stoffhändler von Erzurum scharen sich ein paar betagte Händler mit dichtem Bart um die wärmenden Samoware. Im Schnee wirkt die anatolische Ebene unendlich trist. Flüsse mit schwarzem Wasser fließen zwischen den endlosen schneebedeckten Feldern, die von Pappelreihen getrennt werden, in denen die Krähen nisten. Hier und da sind noch die Ruinen der Karawansereien zu erkennen, die einst alle 30 Kilometer die anatolische Steppe unterbrachen. Die im 13. Jahrhundert, zur Zeit der Seldschuken, erbaute Karawan-serei von Sultahani war die größte und luxuriöseste der ganzen Türkei. Ihr imposantes Hauptportal führt in einen quadratischen Innenhof, in dessen Mitte eine kleine Moschee aufragt. Auf der einen Seite gibt es breite Arkaden für den Basar, auf der anderen waren die Küchen, die Zimmer und die Hamams untergebracht. Im hinteren Teil befanden sich in einem geschlossenen, überdachten Raum die Ställe für den Winter. Ein Kavallerieregiment war in der Karawanserei stationiert und schloss sich in Kriegszeiten den Heeren des Sultans an.

Unten
Durchquerung Anatoliens

Seite 224/225
Ein Hirte in der anatolischen Hochebene

Sultanahmet Camii, die »Blaue Moschee« von Istanbul

Byzantinische Mosaiken in der Hagia Sophia

ANKARA > ISTANBUL

Istanbul

Zwischen Ost und West erstrahlt über 1000 Jahre das alte Konstantinopel, die Hauptstadt des Byzantinischen Reichs, bis es 1453 von den Türken erobert wird. Die Stadt, die den Namen Istanbul erhält, erreicht unter der Herrschaft Suleimans des Prächtigen ihren Höhepunkt: Zu dieser Zeit herrscht das Osmanische Reich über die islamische Welt.

Die Hagia Sophia oder Sophienkirche, das Wahrzeichen des Byzantinischen Reichs, war lange Zeit das größte Bauwerk der Christenheit; gegenüber baute man die Moschee des Sultans Ahmet (Sultanahmet Camii), die so genannte »Blaue Moschee«. Im Inneren wetteifern die beiden Gebäude mit prunkvollen Mosaiken: in Rot und Gold bei der Hagia Sophia, Grün und Blau bei der Sultanahmet Camii. Direkt hinter der Basilika steht der geheimnisumwobene Topkapi-Palast, der Wohnsitz der Sultane. Unter den düsteren Gewölben des Kapali Çarfli, des Großen Basars, zu dem Tausende von Läden und Teehäusern gehören, mischt sich die Menge der Schaulustigen mit Teppichhändlern, Juwelieren und Keramikverkäufern. Auf dem Misir Çarflisi, dem Ägyptischen Markt, fand man früher Gewürze, Arzneipflanzen und Salben aus allen Himmelsrichtungen. Heute quellen die Auslagen über von Gewürzen und Trockenfrüchten, Bergen von Gemüse, Oliven und Schafskäse. Die Stände der Fischverkäufer grenzen in der Nähe der Galatabrücke an den Hafen.

Auf der anderen Seite der Brücke liegt Karaköy; hier wohnten die europäischen Händler, die ein wenig abseits untergebracht waren, damit ihre Sitten nicht die Byzantiner verdarben.

Ganz oben und oben links
Gewürzstand und Olivenverkäufer auf dem Misir Çarflisi, dem Ägyptischen Markt

Ganz oben rechts
Der Große Basar von Istanbul

Oben rechts
Blick von der Galatabrücke auf das Goldene Horn, das den Osten mit dem Westen verbindet

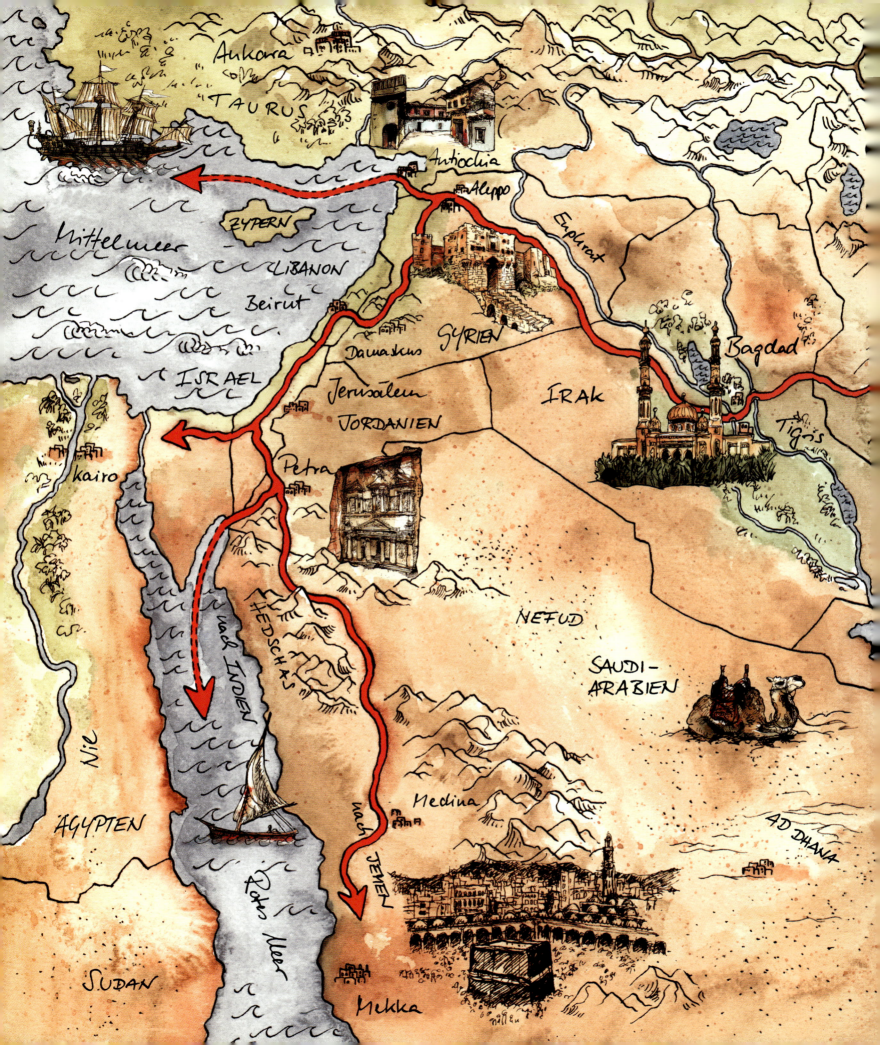

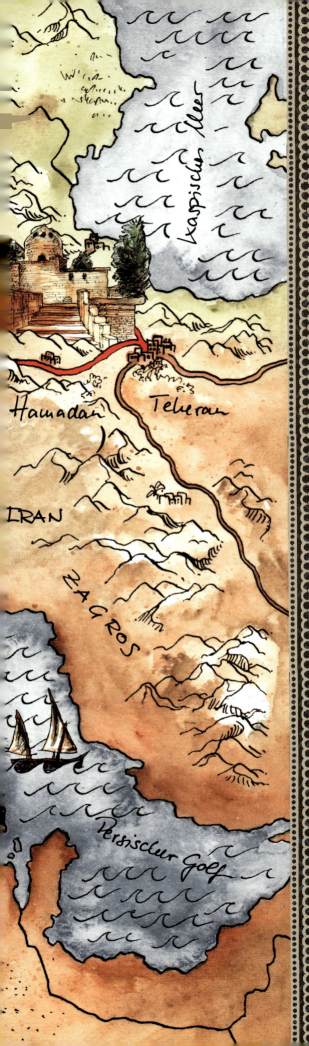

DIE KÖNIGS-STRASSE
VON BAGDAD ZUM MITTEL-MEER

»Diese Händler, gefolgt von all ihren
Sklavinnen und begleitet von mehreren
weiteren Reisenden, bildeten eine so umfang-
reiche Karawane, dass sie vonseiten der
Beduinen nichts zu fürchten hatten; sie hatten
also nur die üblichen Mühen einer langen Reise
zu erdulden, was sie beim Anblick Bagdads
leicht vergaßen. Sie stiegen im schönsten und
meistbesuchten Khan der Stadt ab.«

Reisebericht des **Ganem**, eines arabischen Händlers aus Damaskus,
Tausendundeine Nacht.

TEHERAN > BAGDAD

Die Blütezeit Bagdads

Im 9. Jahrhundert strahlt das Reich der Kalifen über die ganze muslimische Welt, vom Horn von Afrika bis nach Zentralasien. In diesen großteils wüstenhaften Gegenden entsteht eine ganz dem Handel verschriebene städtische Gesellschaft, deren Werte und Ideale über Völker und Sprachen hinweg rasch Anklang finden. In Bagdad, dem Sitz des Kalifats, schätzt man die »Gelehrten«, Männer mit großem Wissen und wachem Geist, die gleichzeitig Philosophen, Astronomen, Mathematiker, Geografen und Dichter sind. Im Zentrum der Stadt steht das »Haus der

Weisheit«, in dem Gelehrte aus dem ganzen Reich arbeiten. Im Gefolge der Kaufleute stellen Geografen Weltkarten auf, berechnen die Breitengrade und Meridiane und studieren den Lauf der Sterne. Die Werke großer Astronomen – die oft auch Astrologen sind, wie Abû Ma'sar al-Balh î und Al-Farghani – werden bis ins 17. Jahrhundert an den arabischen und europäischen Universitäten studiert. Die muslimischen Wissenschaften beziehen alle bekannten Quellen aus Griechenland, Ägypten, Persien, Indien und China ein und geben sie weiter. So tauchen viele griechische und römische Texte, deren Existenz man im Westen vergessen hatte, durch die Araber wieder auf. Al-Chwarizmi, einer der großen Mathematiker des Islam, übernimmt die indischen Ziffern, die wir als »arabische Ziffern« kennen, und erfindet die Algebra. Al-Bîrûnî ist Astrologe, Mathematiker, Historiker, Geograf und Physiker. Und Ibn Sinâ (980–1037), im Westen unter dem Namen Avicenna bekannt, verfasst einen *Kanon der Medizin*, der bis ins 17. Jahrhundert die Grundlage der medizinischen Lehre an Europas Universitäten bildet.

Seite 230/231
Im ganzen Orient ist die Wasserpfeife zusammen mit dem Tee ein Symbol für Erholung und Geselligkeit.

Seite 232
Marktplatz in Bagdad

Oben
Schmuck- und Waffenhändler in Bagdad

Links
Beduine, Irak

Seite 235
Karawanserei der
Festung Al-Ukhaidar in
der Region Kerbela,
Irak

Seite 236/237
Beduinenhirten

AVICENNA

Obwohl sich Avicenna für alle Wissenschaften interessierte, widmete er sich hauptsächlich der Medizin. Bereits mit sechzehn war er unter den Ärzten von Buchara eine Autorität. Nachdem er den Herrscher der Stadt von einem Leiden geheilt hatte, erhielt er die Genehmigung, die große Bibliothek des Palasts zu nutzen. Nach dem Tod des Herrschers begann für den jungen Arzt eine lange Wanderschaft. Mit Al-Juzjani, seinem ergebenen Sekretär und Biografen, reiste er zuerst in Choresmien zwischen Buchara und dem Kaspischen Meer umher, wandte sich dann nach Ray in Chorasan in der Nähe des heutigen Teheran und schließlich nach Hamadan, wo er zum Großwesir aufstieg. An seinem *Kanon der Medizin* schrieb er nachts. Da er eine unglaubliche Arbeitsenergie besaß und alle Vergnügungen des Lebens auskostete, schlief er wenig. Als bekannter Arzt war er außerdem Philosoph und schrieb Traktate der Mathematik sowie der Logik und der Physik. Außerdem war er ein großer Bewunderer Aristoteles', zu dessen Wiederentdeckung er beitrug.

Durch Intrigen am Hof fiel Avicenna in Ungnade und landete im Gefängnis. Als Pilger verkleidet, durchquerte er allein die gefährliche Wüste Dasht e Kavir und gelangte nach Isfahan, wo ihn wiederum der Emir in seinen Dienst nahm. Nun stand er auf dem Höhepunkt seiner Kunst, und die höchsten Fürsten baten ihn um Rat. Als er dem Emir auf einem Feldzug folgte, erkrankte er und starb unterwegs im Alter von 57 Jahren. Sein Werk umfasst Physik und Chemie, Psychologie, Lyrik, Musik, Astronomie, Metaphysik und Medizin.

Oben und Seite 240/241
Die Ruinen von Palmyra, einer
großen Handelsstation für die
Karawanen auf dem Weg durch
die Syrische Wüste

Laternenladen, Syrien

»Ein besonderes Gewerbe in Aleppo ist die Glasmacherei. An keinem anderen Ort in der ganzen Welt sieht man schönere Gegenstände aus Glas. Wenn man den Basar betritt, auf dem sie verkauft werden, kann man sich nicht mehr entschließen, ihn zu verlassen, so bezaubert ist man von der Schönheit der Gefäße, die mit wunderbarer Eleganz und Geschmack verziert sind. Die Glaswaren aus Aleppo werden in alle Länder gebracht, um als Geschenke überreicht zu werden.«

Häfiz Abrû, arabischer Schriftsteller, 14. Jahrhundert.

DIE GLASMACHER

 Bereits in der römischen Antike war Aleppo das bekannteste Zentrum der Glasmacherei. Hier wurden Kannen, Kelche und Becher für Wein sowie kleine Glasgefäße namens *ampullae* hergestellt, die von den Apothekern für Medikamente, Salben und Sirup verwendet wurden. Außerdem produzierte man zarte Fläschchen für Parfums, Cremes und Schminke, oder um Perlen, Knöpfe, Ringe und alle möglichen Imitationen von Edelsteinen und Bergkristallen darin aufzubewahren. Die Farben wurden mit Kobalt oder Kupferoxid erzeugt, manchmal mischte man auch Gold unter die geschmolzene Glasmasse.

Die Glasmacherkunst gelangte zur Zeit der Kreuzzüge nach Italien. Im 14. Jahrhundert erhielt Andolo de Savignone, der Gesandte von Genua, von der chinesischen Regierung die Genehmigung, Glaswaren ins Kaiserreich zu exportieren. In der Folge kamen in China Fläschchen aus Glas sehr in Mode, und bis ins 18. Jahrhundert überschwemmten die berühmten venezianischen Glaswaren von der Insel Murano den Osten. Im 16. Jahrhundert erließ in Venedig der Rat der Zehn, der die Oberaufsicht über die Glasmacherei hatte, ein Dekret, das den Glasmachern die Auswanderung verbot:

»Bringt ein Arbeiter seine Kunst zum Schaden der Republik in ein fremdes Land, so soll ihm der Befehl gesandt werden, zurückzukommen. Gehorcht er nicht, so soll man die Personen ins Gefängnis werfen, die ihm am nächsten stehen. Sollte er trotz der Einkerkerung seiner Verwandten darauf beharren, im Ausland zu bleiben, so soll man einen Sendboten damit beauftragen, ihn zu töten.«

Zit. bei **Gerspach**, *L'Art de la Verrerie*, 1885.

Oben
Die Ruinen von Palmyra

BAGDAD > **PALMYRA** > ALEPPO

Syrien: Palmyra und Aleppo

Anfang des 2. Jahrhunderts ist Palmyra der große Kreuzungspunkt für die Karawanen auf dem Weg durch die Syrische Wüste. Im 3. Jahrhundert kontrolliert die Stadt unter der Herrschaft von Königin Zenobia einen großen Teil Kleinasiens, aber die ständigen Angriffe der Beduinen zwingen die Kaufleute, eine zwar längere, aber sicherere Route zu wählen. So wird Aleppo zu einer wichtigen Zwischenstation an der Kreuzung der Wege zwischen Bagdad, Antiochia, dem Roten Meer und dem Persischen Golf. Die Händler aus dem Westen kaufen in Damaskus, Beirut, Tyrus oder Alexandria ein, wo die Erzeugnisse aus dem Fernen Osten ankommen. Syrien und Palästina exportieren Kupfergeräte, Seife, Glaswaren und Bitumen aus dem Toten Meer, mit dem Schiffe kalfatert und Tote einbalsamiert werden. Ab dem 13. Jahrhundert bemächtigen sich infolge der Kreuzzüge die Seerepubliken Genua und Venedig des Handels in den von den Franken eroberten Häfen des Morgenlands, gründen dort Kontore und setzen dem Handelsmonopol der Muslime ein Ende.

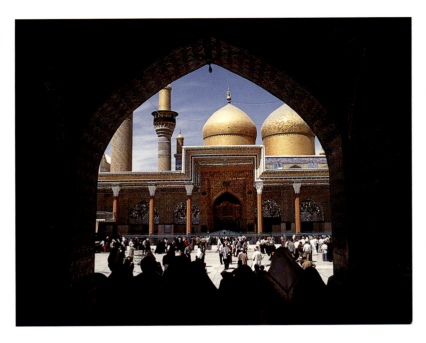

BAGDAD > KERBELA

Die Pilger-
straße nach
Kerbela und Mekka

Seite 244/245
Als echte Initiationsreise gehört
die Pilgerfahrt nach Nadschaf,
Kerbela, Medina oder Mekka zu
den traditionellen Pflichten der
Muslime.

Zahlreiche heilige Stätten wie
Nadschaf, Kerbela, Medina oder
Mekka sind das Ziel von Pilgerreisen. Jede Richtung des Islam, jede Region hat ihre Heiligen und ihre heiligen
Orte, die meist schon zu vorislamischen
Zeiten verehrt wurden. Die Pilgerfahrt nach
Mekka gehört zu den traditionellen Pflichten
der Muslime, und die *hadschi* (Pilger), die
sie absolviert haben, sind bewunderte und
geachtete Persönlichkeiten.

Der Strom der Pilger, der sich früher in
Bagdad sammelte, kam aus der ganzen muslimischen Welt, aus dem Maghreb oder aus
Westchina. Durch die Vielzahl der Pilger
kam es zu einer starken Entwicklung des
Handels in den Städten entlang der Straße.
In der Wüste verkauften die Beduinen zu
völlig überzogenen Preisen die notwendigs-
ten Güter wie Wasser, Obst oder Brot.

Um die heilige Stadt breitete sich eine Zelt-
stadt aus, in der die Pilger untergebracht waren und ein riesiger Basar abgehalten wurde.

Pilgerfahrten nach Kerbela

»Die Reihe der Pilger war drei Meilen lang, sie
bestand aus 4000 Kamelen und einer großen
Zahl zu Fuß gehender Männer. An der Spitze
waren die Derwische; kurz danach, hinter
dieser Vorhut, kommt der ›berak‹, das Banner,
inmitten einer Gruppe von Dromedaren mit
Reitern und reich bestickten Harnischen, die
mit sehr schnellem Schritt gehen.«

Anna Blunt, *Pèlerinage au Nedjed, berceau
de la race arabe, 1878–1879.*

»Kerbela, ein Ort, der durch das Blut der
beiden großen Apostel des Islam, Ali und
Hussein, geheiligt ist. Auch aus den entlegensten Teilen Persiens legen die reichen
Leute Wert darauf, sich im Gebiet von
Kerbela begraben zu lassen, und es gibt
nichts Gewöhnlicheres, als auf der Straße
von Bagdad zum Euphrat Kamele oder
Pferde zu sehen, die mit einer Art *kaffas*
beladen sind, einer Lattenkiste mit einer
Leiche darin, die auf einem Bett aus Gras
oder Laub liegt.«

Guillaume Lejean, *Voyage dans la Babylonie,* 1866.

»Wir hoffen, dass Gesandte und Händler ohne Unterlass auf der Straße verkehren werden, damit die Völker in Frieden und Glückseligkeit vom Handelsverkehr profitieren können. Bitten wir den Allerhöchsten, dass er unsere Freundschaft immer stärker mehren möge.«

Brief des chinesischen Kaisers **Yongle** an Schah Ruch, den Sohn Tamerlans, 1424.

Die Weihrauchstraße nach Arabien

Weihrauch wird aus dem Harz verschiedener Baumarten hergestellt, deren Rinde man anritzt. Man erntete ihn ausschließlich in der Region Hadramaut im Süden der Arabischen Halbinsel, im Land der Königin von Saba.

Der Weihrauchhandel war stark reglementiert; man hatte bestimmten Routen zu folgen und zahlreiche Abgaben zu leisten. Sein einzigartiger Duft, aber auch seine Seltenheit und der komplizierte Transport machten Weihrauch zu einem Luxusprodukt, das

lange nur bei Reinigungs- und Bestattungs-
zeremonien verwendet wurde.

Schabwa, die Hauptstadt von Hadramaut,
war Ausgangspunkt der arabischen und später nabatäischen Karawanen, die Weihrauch
durch Arabien transportierten.

»Weihrauch gibt es nur in Arabien und nicht
einmal hier überall. Es sollen nicht mehr als
3000 Familien sein, die sich dieses Recht durch
Erbfolge zu erhalten wissen […]. Der gesam-
melte Weihrauch wird auf Kamelen nach Sabota
gebracht, wo ein einziges Tor für ihn geöffnet
ist. Vom Wege abzuweichen ist ein Staatsverbre-
chen, das die Könige mit dem Tod bestrafen.

Ausgeführt werden kann der Weihrauch nur
durch das Gebiet der Gebbaniten, und daher
zahlt man auch ihrem Herrscher eine Abgabe.
Ihre Hauptstadt Thomna ist von der an unserer
Küste in Judäa gelegenen Stadt Gaza 2 437 500
Schritte entfernt, eine in 65 Kamelraststätten
eingeteilte Strecke. Wo auch immer der Weg
durchführt, muss man bald hier für Wasser,
bald dort für Futter oder für Herbergen und
für verschiedene Durchgangszölle zahlen.
Deshalb beträgt der Preis für das Pfund des
besten Weihrauchs sechs, für die zweite Sorte
fünf und für die dritte drei Denare.«

Plinius der Ältere, *Naturalis historiae*, 1. Jahrhundert.

Seite 246
Beduine, Irak

Oben
Ruinen einer nabatäischen Stadt
in Palästina

Frauen in Arabien

DER GEBRAUCH DER DÜFTE

Rosenknospen wurden schon sehr früh
zur Herstellung der orientalischen Düfte
und von Salben verwendet.

Soweit die Quellen zurückreichen, wurden überall Düfte verwendet: Bei den Griechen stammten sie von Aphrodite, der Göttin der Liebe; bei den Christen brachten die Heiligen Drei Könige Jesus Myrrhe und Weihrauch; bei den Hindus wurden die *deva*, die Halbgötter, durch Düfte dargestellt. Die Ägypter benutzten sie bei religiösen Zeremonien, um Opfer darzubringen, Statuen zu beduften und Tote einzubalsamieren.

Sehr früh verwendete man Duftpflanzen auch für die Körperpflege und sinnliche Genüsse: mit Rosen parfümiertes Wasser, Milch und Salben mit Oran-

»Der Nektar des Khosrau ist eine Mischung aus Rosen aus Persien, Basilikum aus Samarkand, Zitronatzitrone aus Tapuristan, Veilchen aus Isfahan, Safran aus Kom, Seerosen aus Shervan, Aloenarde aus Indien, Moschus aus Tibet und Bernstein aus Sikhr.«

Anonymer persischer Text aus dem 6. Jahrhundert.

genblüten, Extrakte aus Aloe, Sandelholz, Narde, Zypresse oder Wacholder. Im 13. Jahrhundert entdecken die Kreuzfahrer beim Kontakt mit den Muslimen Sinnlichkeit und Luxus des Orients, wie Bäder, Schönheitsseifen und kostbare Parfums.

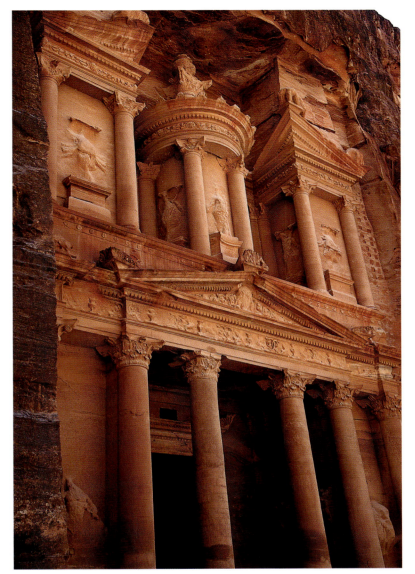

Karawanserei in Arabien

Von den verschiedenen Routen führte die meistbegangene über Medina nach Petra, die Hauptstadt der Nabatäer, dessen Wohlstand von seiner Lage an der Kreuzung der Weihrauch-, Gewürz- und Seidenstraße zwischen China, Indien und Zentralasien auf der einen und Syrien, Griechenland und Rom auf der anderen Seite herrührte. Die wunderbare rosafarbene Stadt, die zwischen der Wüste Negev und dem Wadi Rum in einem Gebirge versteckt liegt, wurde 1812 von dem Schweizer Orientreisenden Johann Ludwig Burckhardt wiederentdeckt.

> »Ganz Arabien
> verströmt einen
> göttlichen und
> lieblichen Duft.«

Herodot, *Historien*,
5. Jahrhundert v. Chr.

Oben
Petra, die Hauptstadt der Nabatäer, liegt in einem unzugänglichen Gebirge versteckt.

Oben und Seite 251
Das in den Fels gemeißelte Petra
kommt am Ende einer engen
Schlucht in Sicht.

Links
Karawaniers bei einer Ruhepause

Glossar

Baktrien: In der Antike Bezeichnung für die Region um Baktra (heute Balkh) im Norden des jetzigen Afghanistan. Baktrien und **Sogdien** bildeten in den ersten Jahrhunderten unserer Zeitrechnung die beiden wichtigsten kulturellen Zentren Zentralasiens an der Seidenstraße. Baktra gehörte zu den Hauptorten des Reichs **Kushana:** Die Region stand im Mittelpunkt der Entwicklung der griechisch-buddhistischen Kunst.

Chorasan: Region im Nordosten Irans, deren Schlüsselposition zwischen dem Mittleren Osten und Zentralasien zu allen Zeiten sehr wichtig war. Man findet hier die Städte Nischapur, das unter der Dynastie der Sassaniden eine Blütezeit erlebte, und Meschhed, eine der großen heiligen Stätten des schiitischen Islam.

Choresmien: Region im Süden des Aralsees am Fluss Amu-Darja; ihre Hauptstadt Chiwa lag an der Kreuzung der Handelsstraßen zwischen Mesopotamien und den nördlichen Gebieten (Ural, Russland, Sibirien).

Goldene Horde: Die Gebiete, die der Sohn von Dschingis Khan nach den mongolischen Eroberungsfeldzügen erbte und zu denen Russland, Sibirien und die Krim gehörten.

Hunnen: Bezeichnung für die Nomaden aus Asien, die im 4. und 5. Jahrhundert nach Europa einfielen; man bringt sie mit den Xiongnu in Verbindung, einem Nomadenvolk aus Hochasien.

Kasachen: Turksprachiges Volk, das zum großen Teil in Kasachstan, aber auch über die Mongolei, China, Russland und die benachbarten Staaten Zentralasiens verstreut lebt. Die Kasachen in Kasachstan sind traditionell nomadische oder halbnomadische Viehzüchter und wurden in der Mehrheit nach der russischen Kolonialisierung sesshaft.

Kirgisen: Turksprachiges Volk, das in der Mehrheit in Kirgistan lebt, aber auch in China, Usbekistan und Tadschikistan zu finden ist. Nachdem es im 10. Jahrhundert aus der Mongolei vertrieben worden war, ließ es sich erst ab dem 16. Jahrhundert im Tian Shan und im Pamir nieder. Die Kirgisen sind traditionell nomadische oder halbnomadische Viehzüchter.

Kushana: Reich, das sich während seiner Blütezeit im 2. Jahrhundert vom Ganges in Indien bis zum Amu-Darja in Zentralasien erstreckte und den Großteil des Handels auf der Seidenstraße kontrollierte.

Nabatäer: Volk in Nordarabien, dessen Reichtum von der Lage seiner Hauptstadt Petra an der Kreuzung der Handelsstraßen zwischen Orient, Arabien und dem Westen herrührte.

Sogdien: Frühere Bezeichnung für die Region um Samarkand und Buchara; zwischen dem 2. und 7. Jahrhundert beherrschten die Sogdier den Handel auf der Seidenstraße.

Tadschiken: Volk indoeuropäischer Abstammung, iranischsprachig, das sich über Tadschikistan, Afghanistan, Usbekistan (wo es den Großteil der Bevölkerung von Buchara und Samarkand stellt), Kasachstan, China und den Iran verteilt.

Tatarei: Alte Bezeichnung für die Steppen und Wüsten Hochasiens.

Transoxanien: Früherer Name für die Region um Samarkand im Nordosten des Flusses Oxus (des heutigen Amu-Darja); sie entspricht ungefähr Sogdien.

Türken: Die turksprachigen Völker stammen wahrscheinlich aus dem mongolischen Altai und kamen im Lauf der Jahrhunderte nach China (Uiguren), Zentralasien (Kasachen, Usbeken, Kirgisen, Turkmenen), Aserbaidschan und in die Türkei.

Turkestan: Frühere Bezeichnung für Zentralasien (Russisch-Turkestan) und die heutige Region Xinjiang (Chinesisch-Turkestan).

Uiguren: Turksprachiges Volk, das großteils in der Region Xinjiang in China lebt; es ist seit mehreren Jahrhunderten sesshaft und besteht traditionell aus Handwerkern, Landwirten und Händlern.

Usbeken: Turksprachiges Volk in Zentralasien, das hauptsächlich in Usbekistan, aber auch in Tadschikistan lebt.

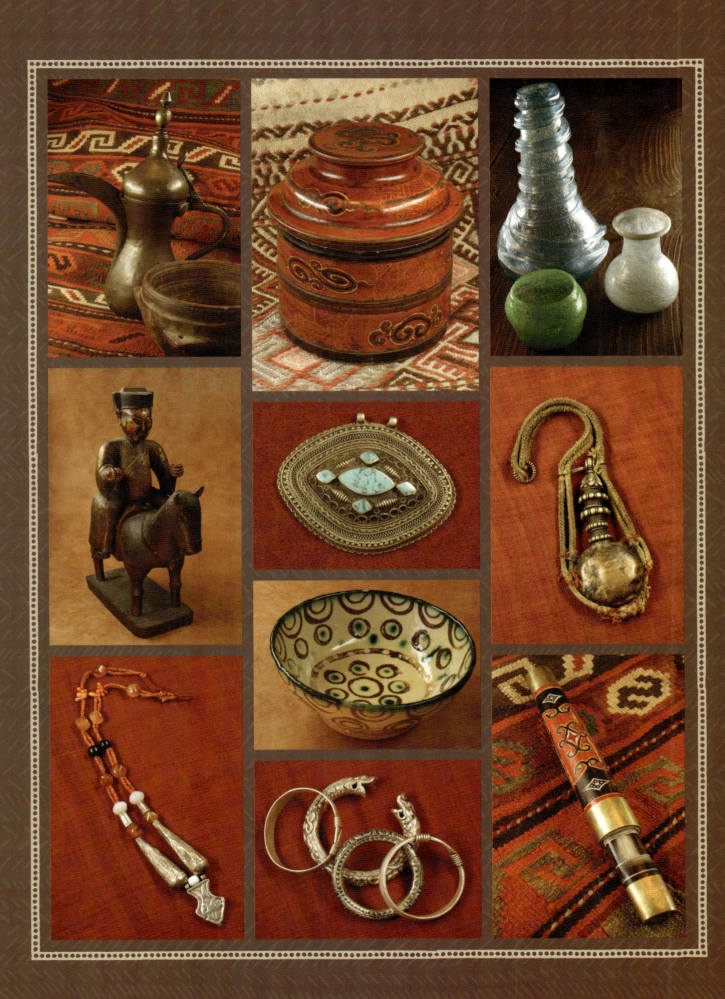

Bibliografie

Allgemeine Werke

ANQUETIL, Jacques, *Routes de la soie, vingt-deux siècles d'histoire, des déserts de l'Asie aux rives du monde occidental,* éditions J.-C. Lattès, 1992.

BLANCHARD, Elise, Louis-Marie und Thomas, *Routes de la soie, sur les traces des caravanes,* éditions Ouest-France, 2004.
dies., *Sur les traces des grands voyageurs en Chine, au Tibet et en Asie centrale,* éditions Ouest-France, 2005.

BOULNOIS, Luce, *Die Straßen der Seide,* Wien, Berlin, Stuttgart: Paul Neff Verlag, 1964.

CHOISNEL, Emmanuel, *Les Parthes et la Route de la soie,* éditions l'Harmattan, 2004.

DRÈGE, Jean-Pierre, BÜHRER, Emil M., *Seidenstraße,* Köln: vgs, 1986.

GORSHENINA, Svetlana, *La route de Samarcande, l'Asie centrale dans l'objectif des voyageurs d'autrefois,* éditions Olizane, 2000.

dies., *Explorateurs en Asie centrale, voyageurs et aventuriers de Marco Polo à Ella Maillart,* éditions Olizane, 2003.

GROUSSET, René, *Die Steppenvölker. Attila – Dschingis Khan – Tamerlan,* München: Kindler, 1970.

HOPKIRK, Peter, *Die Seidenstraße. Auf der Suche nach verlorenen Schätzen in Chinesisch-Zentralasien,* München: List Verlag, 1986.

LA VAISSIÈRE, Etienne de, *Histoire des marchands sogdiens,* éditions De Boccard, 2004.

LEBEDYNSKY, Iaroslav, *Les Nomades: les peuples nomades de la steppe des origines aux invasions Mongoles, IXe siècle av. J.-C.–XIIe siècle apr. J.-C.,* éditions Errance, 2003.

MAZAHÉRI, Aly, *L'Âge d'or de l'Islam,* Paris Méditerranée-La Croisée des chemins-Eddif, 2003.
ders., *La Route de la soie,* éditions Papyrus, 1983.

POUJOL, Catherine, *Peuples des steppes en Asie centrale,* éditions Autrement, 2002.

ROBERT, Jean-Noël, *De Rome à la Chine, sur les Routes de la soie au temps des césars,* éditions Les Belles Lettres, 2004.

ROUX, Jean-Paul, *L'Asie centrale: histoire et civilisations,* éditions Fayard, 1997.

SELLIER, André und Jean, *Atlas des peuples d'Orient, Moyen-Orient, Caucase, Asie centrale,* éditions La Découverte, 2002.

STELLA, Alain, *Das Buch der Gewürze,* München: Collection Rolf Heyne, 1999.

YAMASHITA, Michael, *Marco Polo. Eine wundersame Reise,* München: Frederking & Thaler, 2003.

Reiseberichte

IBN BATTUTA, *Reisen ans Ende der Welt. Das größte Abenteuer des Mittelalters, 1325–1353,* Tübingen, Basel: Horst Erdmann Verlag, 1974.

BONVALOT, Gabriel, *Du Caucase aux Indes à travers le Pamir,* éditions Plon-Nourrit et Cie., 1889.

BOUILLANE DE LACOSTE, Henry, *Autour de l'Afghanistan, aux frontières interdites,* éditions Hachette, 1908.
ders., *Au pays sacré des anciens Turcs et des Mongols,* éditions Emile-Paul, 1911.

GONZALES DE CLAVIJO, Ruy, *Clavijos Reise nach Samarkand 1403–1406,* München: Institut für Geschichte der Naturwissenschaften, 1993.

DIEULAFOY, Jane, *Une Amazone en Orient, du Caucase à Ispahan: 1881–1882,* éditions Phébus, 1989.

EFREMOF, Philip, »Voyage de dix ans du sous-officier russe Efremov et ses aventures en Boukharie, à Khiva, en Perse et en Inde, et son retour en Russie par l'Angleterre, écrit par lui-même«, in Jan, Michel (Hg.), *Le Voyage en Asie centrale et au Tibet, anthologie des voyageurs occidentaux, du Moyen Âge à la première moitié du XXe siècle,* éditions Robert Laffont, 1992.

FLEMING, Peter, *Tataren-Nachrichten. Ein Spaziergang von Peking nach Kaschmir,* Frankfurt/Main: Eichborn, 1996.

HEDIN, Sven, *Durch Asiens Wüsten,* Wiesbaden: Eberhard Brockhaus, 1955.

HUC, Régis Evariste, *Reise durch die Mongolei nach Tibet und China 1844–1846,* Frankfurt/Main: Societäts-Verlag, 1986.

KARMAY, Samten und SAGANT, Philippe, *Les Neuf Forces de l'Homme, récits des confins du Tibet,* éditions de la Société d'ethnologie, 1999.

LEJEAN, Guillaume, »Irak, voyage dans la Babylonie en 1848–1860«, in: *Le Tour du monde,* 1866.

MAILLART, Ella, *Turkestan solo: eine abenteuerliche Reise ins Ungewisse,* München: Frederking & Thaler, 2001.
dies., *Verbotene Reise. Eine Frau reist durch Zentralasien,* Stuttgart, Wien: Ed. Erdmann in K. Thienemanns Verlag, 1988.

OSSENDOWSKI, Ferdynand Antoni, *Tiere, Menschen und Götter,* Frankfurt/Main: Societäts-Verlag, 1937.

PHILIPE, Anne, *Caravanes d'Asie (du Sing-Kiang au Cachemire),* éditions Julliard, 1955.

PRZEVALSKI, Nikolai M., *Reisen in Tibet und am oberen Lauf des Gelben Flusses in den Jahren 1879 bis 1880,* Jena: Costenoble, 1884.

RADHU, Abdul Wahid, *Caravane tibétaine,* édition Peuples du monde, 1991.

ROUSSELET, Louis, »L'Inde des Rajahs, voyage dans les royaumes de l'Inde centrale et dans la présidence du Bengale (1864–1868)«, in: *Le Tour du monde,* 1874.

RUBRUK, Wilhelm von, *Beim Großkhan der Mongolen 1253–1255,* Lenningen: Erdmann, 2003.

UJFALVY-BOURDON, Marie de, »D'Orenburg à Samarkand, le Ferghanah, Kouldia et la Sibérie occidentale (1876–1878)«, in: *Le Tour du monde,* 1879.

VÁMBÉRY, Ármin, *Reise in Mittelasien: von Teheran durch die Turkmanische Wüste an der Ostküste des Kaspischen Meeres nach Chiwa, Bochara und Samarkand,* Leipzig: Brockhaus, 1873.

Romane und Gedichte

KHAYYAM, Omar, *Rubaiyat,* Berlin: Propyläen, 1921.

MAALOUF, Amin, *Samarkand,* Frankfurt/Main: Suhrkamp, 2001.
ders., *Der Mann aus Mesopotamien,* Frankfurt/Main: Suhrkamp, 2003.

Danksagung

Den Schriftstellern, Historikern und Reisenden,
ohne die dieses Buch nicht hätte entstehen können.
Unseren Gastgebern für eine Stunde, eine Nacht oder einige Tage,
die uns auf unserer ganzen Reise aufgenommen haben.

Grafische Gestaltung und Realisierung: Christian Kirk-Jensen/Danish Pastry Design,
unter Mitarbeit von Caterine Costerisant

Karten und Ilustrationen: Béatrice Boubé

Alle Fotografien von Louis-Marie und Thomas Blanchard,
außer S. 239, 240, 243 und 247: Arthur David,
S. 225 und 226: Alain Basset